本书为国家社科基金(14BJY015)结项成果

制度约束下的信息透明度对企业投资效率的影响

吴良海 著

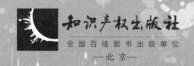
知识产权出版社

全国百佳图书出版单位

—北京—

图书在版编目（CIP）数据

制度约束下的信息透明度对企业投资效率的影响 / 吴良海著 . —北京：知识产权出版社，2021.6

ISBN 978-7-5130-7473-5

Ⅰ . ①制…　Ⅱ . ①吴…　Ⅲ . ①信息公开—影响—上市公司—投资效率—研究—中国
Ⅳ . ① F279.246

中国版本图书馆 CIP 数据核字（2020）第 057010 号

内容提要

本书基于我国上市公司所面临的独特制度背景，着重从制度背景分析、作用路径与形成机理剖析、治理效应检验及优化对策建议三个方面，循序分析为什么及如何进行制度环境优化，以及上市公司及证券监管应如何从制度设计上完善信息透明度决策体系。本书适合学习财务会计理论、资本市场理论或投资者保护理论等的高校学生和该领域的专业人士阅读。

责任编辑：曹靖凯　　　　　　　　　　责任印制：孙婷婷

制度约束下的信息透明度对企业投资效率的影响
ZHIDU YUESHU XIA DE XINXI TOUMINGDU DUI QIYE TOUZI XIAOLÜ DE
YINGXIANG

吴良海　著

出版发行：**知识产权出版社** 有限责任公司		网　　址：http：//www.ipph.cn		
电　　话：010–82004826		http：//www.laichushu.com		
社　　址：北京市海淀区气象路 50 号院		邮　　编：100081		
责编电话：010-82000860 转 8763		责编邮箱：caojingkai@cnipr.com		
发行电话：010-82000860 转 8101		发行传真：010-82000893		
印　　刷：北京中献拓方科技发展有限公司		经　　销：各大网上书店、新华书店及相关专业书店		
开　　本：787mm×1092mm　1/16		印　　张：11.5		
版　　次：2021 年 6 月第 1 版		印　　次：2021 年 6 月第 1 次印刷		
字　　数：150 千字		定　　价：68.00 元		

ISBN 978-7-5130-7473-5

目　录

第1章 绪 论

1.1 研究简介

1.1.1 应用领域和研究原理

本书为应用经济学研究，着眼于会计信息的定价与治理功能，探索信息透明度影响企业投资效率的机理所在，并运用实证会计的研究方法检验信息透明度作用于企业投资效率的功效强弱。

本书的研究认为，信息透明度与企业投资效率互为影响，制度环境在信息透明度与企业投资效率的互动影响中发挥了重要作用，而且资金转化为投资需要合适的制度环境，优化制度环境能够增强企业提升信息透明度的动机，从而缓解信息不对称与委托代理问题，改善企业投资效率。因此，本书基于我国上市公司所面临的独特制度背景，着重从制度背景分析、作用路径与形成机理剖析、治理效应检验及优化对策建议三个方面循序分析为什么及如何进行制度环境优化，上市公司及证券监管应该如何从制度设计上完善信息透明度决策体系。

1.1.2 研究完成情况

项目研究开展以来，已经完成的工作主要包括三个部分。

第一，我国沪深 A 股企业投资效率调查。本课题基于理查森（Richardson，2006）的非效率投资模型计算了我国沪深 A 股企业 2000—2014 年的非效率投资水平。详见本书第 2 章。

第二，我国沪深 A 股企业的会计信息质量调查。本书的研究使用描述性统计方法，调查了我国沪深 A 股企业的会计信息质量，分别是：①以盈余管理程度衡量的会计信息质量；②以会计稳健性指标衡量的会计信息质量；③以企业信息透明度衡量的会计信息质量。详见本书第 3 章。

第三，会计信息的资源配置效率的专题研究。本书对制度约束下的信息透明度作用于企业投资效率的机理与效应进行了大样本实证研究，具体包括四个专题：①制度环境、信息透明度与企业投资效率；②机构投资者、会计稳健性与企业投资效率；③金字塔结构、会计信息质量与企业投资效率；④内部控制、财务困境与企业投资效率。详见本书第 4~7 章。

1.1.3 研究的创新点、先进性

将信息透明度与企业投资效率静态关系的研究置于"结构 - 行为 - 绩效"

（SAP）的互动分析框架，运用新制度经济学理论考察信息透明度在不同情境与约束条件下作用于企业投资效率的内在机理，并提供相应经验证据。

1.1.4　研究意义

本书通过革新模型设计与变量测度，合理构建制度环境、信息透明度与企业投资效率分析模型，研究了制度约束下的信息透明度对企业投资效率的作用机理，有助于理性分析信息透明度对企业投资效率的影响机理，揭示资本市场信息透明度的资源配置功能与制度约束效应，深化对提升信息透明度以改善企业投资效率的认识，具有重要的理论意义；与此同时，研究上市公司如何通过积极调整信息披露政策提升信息透明度，从而提高投资决策行为的效率以增加企业价值，对于总结和完善我国证券监管部门信息披露治理与管理实践，努力抑制上市公司投资决策活动中的非效率行为，更具有直接的现实意义。

1.2　研究逻辑

研究会计信息的资源配置效率问题，首先必须要厘清会计本质、会计功能等基本概念，并与时俱进、深刻把握供给侧改革赋予当代会计的新任务。关于会计本质、会计功能以及对现阶段会计任务的重新解读构成了本书研究的基本逻辑。

1.2.1 会计的本质

关于会计的本质，学术界存在两种代表性观点，其一是"管理活动论"，其二是"经济信息系统论"。

依据"管理活动论"，会计承担着反映与监督的基本职能，这两种会计职能发挥作用的基础是赖以生成管理信息的会计数据，因此，会计究其实质是一种基于数据的管理科学。

依据"经济信息系统论"，会计是一个以提供财务信息为主的经济管理信息系统，是会计主体价值实现的管理系统的核心，因而会计同样可归属为基于数据管理的一种科学活动。

会计真是一门"精确"的管理科学吗？会计假设，会计判断，会计弹性，盈余管理，甚至"官出数字，数字出官"等一系列现象与概念，均表明会计是一门基于数据的管理艺术，而并非数据管理的科学。

姑且称上述观点为会计本质的管理艺术论（以下简称"会计艺术论"）。

会计艺术论认为，会计是一个组织（会计主体）面对不确定的环境而实施的基于数据管理的艺术活动，其根本目的是提升组织资源配置效率，协调利益相关者价值冲突，实现组织可持续发展。

按照会计艺术论，会计不追求数据管理的"过度"精确，而以是否缓解组织自身面临的不确定性为数据精确度取舍标准。

按照会计艺术论，当持续经营假设不再合理时，会计应选用清算会计假设。

按照会计艺术论，当资产市场价格与账面价值发生的背离落入设定的财务预警区间，会计应当通过计提或转回资产减值准备，将这种超常背离控制在满意的波动值域。

按照会计艺术论，组织应当持有投机性现金，以便捕捉稍纵即逝的市场机会；组织应当保有一定的存货储备资金，以降低存货短缺成本；丰收年份，应多提公积金，余留更多的利润，以备歉收不时之需，等等，即保有足够的会计弹性。

按照会计艺术论，会计应当适度进行盈余管理，包括盈余的调增、调减与平滑，目标是趋利避害，化解组织风险，增强组织的环境适应性。

当然，按照会计艺术论，会计应当秉持原则，抵制和反对会计造假等形形色色的不法行为，包括上述的"官出数字，数字出官"。

1.2.2 会计的定价与治理功能

会计包括定价与治理两种基本功能。

会计的定价功能，是指商品或劳务的市场均衡价格中内涵了会计信息含量，简单说，会计信息显著影响了商品或劳务的市场成交价格。

会计的治理功能，意指会计犹如人体血液，是组织有效运行治理结构框架中的重要纽带，是组织目标实现的制度约束因素。

关于会计的定价与治理功能，如果将前者视为会计的直接功能，那么后者就是会计的间接功能；将前者视为会计的显性功能，后者就是会计的隐性功能；将前者视为会计的酌量性调整功能，后者就是会计的约束性固化功能。

因此，会计的定价与治理两种功能的层级高低不同，发挥作用的功效自然不同。相比于会计的定价功能，会计的治理功能对组织发挥作用所具有的内生性、根本性、全局性、长期性和预测性更强。

会计的功能不等于会计信息的功能。会计信息是会计的主要产出和成果，是会计这种管理艺术活动实现会计目的的关键抓手，可看成会计的核心机制，毋庸讳言，会计信息的定价与治理功能的有效发挥需要非会计信息的深入发掘与关联分析。

随着数据分析技术的发展，未来会计的一个重要特征就是会计与非会计信息将走向深度融合。

会计的功能不同于会计的职能。传统意义上的会计的职能被归结为会计反映与会计监督两种功能。其实，这种认识流于肤浅，因为事实上这种会计职能的传统认识并未能触及会计所能发挥的本真功效。

研究会计的功能就是要分析会计定价与治理功能发挥实际功效的机理所在与效应强弱，探索制约会计定价与治理功能发挥作用的影响因素及其具体调节效应。

1.2.3　供给侧改革背景下会计面临的五个任务

（1）去产能任务

市场经济条件下，企业遵循商品（或劳务，下同）供求规律组织生产，通过有效管理可以保持产销动态平衡，自然无"产能过剩"之虞。如果一个企业的产能过剩，需要所谓的"去产能"，表明这个企业的管理出了问题。此时需要会计发挥自身优势，主要借助于提供翔实的管理会计分析报告为企业管理"把脉问诊"。其基本程序包括：①核算产能差异；②分析产能差异产生原因；③划清产能差异责任归属；④考评产能差异；等等。

去产能会计的目标是消除企业商品供求差异，实现产销平衡。

（2）去库存任务

一个遵循商品供求规律组织生产的企业，其库存当然是合理水平，自然毋需"去库存"。因此，需要去库存的企业，根本还是在没有依据市场规律办事，生产或购进了不适销对路的商品，需要会计改善存货管理水平。去库存会计的基本程序包括：①借助先进的数据分析技术，如大数据、人工智能、云计算以及区块链等信息化手段，实现企业产能的精准预测；②借助发达的物流渠道和有效物流管理，推行"适时制（Just-in-time）"与"零库存"管理；③完善存货内部控制，改进存货管理方法，适时提供（再）订货点会计信息；等等。

去库存会计的目标是将企业商品库存维持在理想水平，以降低存货总成本。

去库存会计与去产能会计二者相辅相成，其实是一脉相承、依次继起的有机整体。

（3）去杠杆任务

"杠杆"一词原为物理学中的一个概念。还记得阿基米德的"给我一个支点，我能撬起整个地球"的豪言壮语吗？利用营业杠杆效应，企业可以获得倍增的息税前利润；利用财务杠杆效应，投资人（股东）可以获得倍增的每股盈余。但是投资过度、产能过剩等导致的高杠杆加剧了企业风险，一旦资金链断裂有诱发企业运营（股票）崩盘的危险。

市场有效需求不足时，企业的投资盈利空间有限，依据杠杆原理，企业应当避免过度负债，即"去杠杆"。随着供给侧改革推进，企业有效需求和利润上升，企业利用杠杆的程度也将随之提高。

去杠杆会计的目标是将过高的经营与财务杠杆回调到适度水平，实现企业风险与收益的对称与均衡。

（4）降成本任务

成本是衡量一个企业经营成败得失的综合指标，可谓企业的生命线。无疑，成本优势是企业竞争优势的源泉，在市场有效需求不足时，降低成本更是企业角逐市场、赢得利润的不二选择。

面临供给侧改革大势，成本会计大有可为：

1）更新成本会计理念，建立大成本观。为此，需要借助成本会计信息，将企业纷繁复杂的各类支出精准梳理，实行分类管理，包括区分为管理决策价值相关成本与不相关成本，战略成本与战术成本，内部成本与外部成本，固定成本与变动成本，可控成本与不可控成本等。

2）推行变动成本法、目标成本法、标准成本法等先进成本管控模式。

3）创新成本会计方式、方法，建立权责利效有机结合的成本会计制度，为企业管理营造正向激励氛围桴鼓助力。

成本会计的目标是通过降低成本的各类举措，匹配企业商品的功能与价值，着眼于建立企业长期成本竞争优势。

（5）补短板任务

根据木桶理论，如果存在短板，企业拥有的技术、人才、资源禀赋等各种优势将难以发挥最佳效益。企业短板主要包括制度短板与发展短板两类。其中,制度短板包括:①非正式制度如企业价值观、管理哲学等缺失;②公司治理机制不完备;③企业内部机制不健全;等等。发展短板是制约企业可持续发展的基础设施与产业政策等外部环境约束因素,企业应积极面对,创造条件,主动作为,破解企业发展短板。

补短板聚焦企业内外制度环境完善与适应性调整,毫无疑问,完成企业补短板任务需要高屋建瓴的战略思维和大管理智慧,需要会计人具备勇于担当的企业责任意识和统揽全局的制度设计能力。本书认为,完成补短板任务,会计的定价与治理功能将得以充分发挥。

1.3 研究内容

本书共分为 8 章,具体内容如下。

第 1 章,绪论。包括成果简介、逻辑与框架、文献述评和研究内容等。

第 2 章,沪深 A 股企业的非效率投资。运用理查森(2006)的预期投资模型,计算了 1999—2014 年沪深 A 股上市公司非效率投资程度,提供了相应的描述性统计和时间序列特征分析。

第 3 章,沪深 A 股企业的会计信息质量。包括:沪深 A 股企业的盈余管理;沪深 A 股企业的会计稳健性水平;沪深 A 股企业信息透明度的衡量。

第 4 章,制度环境、信息透明度与企业投资效率。本章选取 2003—2014年沪深 A 股市场多个公司的 5298 个年度数据作为研究样本,对制度环境、信息透明度与企业投资效率的关系进行了研究，展现了沪深 A 股企业通过财务信息透明度规避风险、改善投资效率的"自适应"机制，初步彰显了现阶段制度环境促进企业会计信息定价与治理功能发挥的正效应，进一步丰富了会计与投资者保护研究文献，为我国证券业的市场化改革提供了有益的经验证据。

第 5 章，机构投资者、会计稳健性与企业投资效率。本章选取 2006—2014 年沪深 A 股市场多个公司的 8972 个年度数据作为研究样本，对机构投资者、会计稳健性与企业投资效率三者之间的关系进行了研究，研究结论验证了会计稳健性改善企业投资效率的定价与治理功能的对称性，并证实了机构投资者促进会计稳健性，进而改善企业投资效率的定价与治理功能的观点。

第 6 章，金字塔结构、会计信息质量与企业投资效率。本章选取 2006—2014 年沪深 A 股市场多个公司的 4848 个年度数据作为研究样本，对金字塔结构、会计信息质量与企业投资效率三者之间的关系进行了研究，人工完成了 2006—2014 年度沪深 A 股上市公司最终控制人层级的计算，为未来公司治理领域的研究积累了基础数据，为企业和证券监管等部门借以优化控制人链条，改善会计信息质量，促进企业资本投资效率的提升提供了经验证据。

第 7 章，内部控制、财务困境与企业投资效率。本章选取 2006—2014 年沪深 A 股市场多个公司的 9140 个年度数据作为研究样本，检验了内部控制、财务困境与企业投资效率三者之间的关系，从财务困境的视角验证了企业内部控制的治理效应，拓宽了现有文献关于企业投资效率研究的广度，对于引导财务困境企业强化内部控制，缓解其非效率投资行为，更好地实现资本保值增值的目标，具有积极的意义。

第 8 章，研究结论与政策建议。具体包括研究结论、政策建议和研究局限性三个部分。

1.4 研究框架构建与讨论

制度是决定人们相互关系的系列约束，包括正式制度、非正式制度和实施机制，按其层次高低可区分为嵌入制度或社会和文化基础、基本的制度环境、治理机制和短期资源分配制度四个层次。依此分类，本书第 4 章的制度环境可以归属为基本的制度环境，第 5~7 章的机构投资者、金字塔结构与内部控制可以归类为上述的治理机制。因此，本书第 4~7 章构成了一个相对完整的制度约束效应检验的实证分析体系。

关于信息透明度、会计稳健性与会计信息质量三个概念，迄今为止在学术界与实务界尚未取得完全一致的认识。本书认为，会计信息无非存在会计信息生产与会计信息披露两个紧密关联的过程。目前，会计稳健性与会计信息质量主要是用于认识、表达会计信息生产过程的两个核心概念；而信息透明度是一个关于会计信息质量表达的综合性概念，有颇多争议，本书将信息透明度理解为会计信息披露的核心概念。那么，要把握中国上市公司信息透明度的投资效率效应，仅限于披露过程的实证分析检验是远远不够的，还必须深入到信息的生产过程，即考察会计稳健性、会计信息质量两个维度的企业投资效率效应。因此，本书第 5~7 章可以看成是信息生产过程的实证分析，从而对第 4 章的信息披露过程进行了更深入、更全面的阐释。

根据研究的目标与任务，本书确立了以下研究框架（图1.1）。

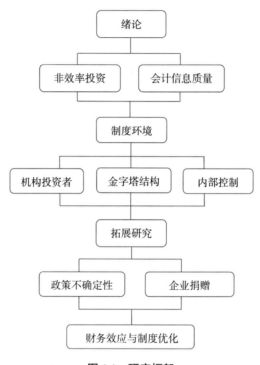

图 1.1　研究框架

第 1 章为绪论。第 2~3 章比较全面地调查了沪深 A 股企业的非效率投资与会计信息质量状况，从而为第 4~7 章的实证专题分析奠定了基础。第 4 章借鉴国外的模型和算法，立足中国的"土壤"，提供了制度环境促进企业会计信息定价与治理功能发挥的经验证据，该章的研究是总体研究。为了深入挖掘制度约束下的信息透明度对企业投资效率的作用机理，本书聚焦当前社会热点、学术前沿动态与中国的现实国情，选择了机构投资者、金字塔结构、内部控制三个制度约束性视角（第 5~7 章），进一步探究了会计稳健性及会计信息质量对企业投资效率的影响，旨在深化本课题的研究主题。这 3 章的分析研究是对第 4 章研究问题的拓展与深化。

进一步来说，研究制度约束下的信息透明度对企业投资效率的作用机理，首先必须解决企业投资效率与会计信息透明度的定量测量问题。考察现有研究，关于企业投资效率的定量测量一般是选择非效率投资作为代理变量，最常见的方式是将非效率投资区分为投资过度和投资不足两类，如理查森（2006）的残差度量模型。

本书第 2 章简要介绍了国内外流行的非效率投资度量模型，即 FHP 模型、Vogt 模型、理查森模型、VAR 模型。在此基础之上，本章选取 2000—2014 年沪深 A 股所有上市公司的年度数据作为初始样本，基于理查森（2006）的预期投资模型测度了我国沪深 A 股企业的非效率投资水平。本章的非效率投资状况调查为第 4 章及其以后的实证分析研究奠定了数据基础。

本书第 3 章将广义的会计信息质量区分为盈余管理、会计稳健性和企业信息透明度三个不同维度，概要总结了国内外各自流行的测量模型与方法，进一步选取沪深 A 股企业的相关数据，基于后文实证分析采用的变量测量模型，对盈余管理、会计稳健性和企业信息透明度三个变量进行了描述性统计和时间序列特征刻画，从不同的侧面和维度更深入地把握了沪深 A 股企业的会计信息质量 / 会计信息透明度。

本书第 4 章依据巴塔查里亚等（Bhattacharya et al.，2003）的相关文献方法来衡量信息不透明度，基于 VAR 模型、理查森模型测量企业投资效率，直接选用樊纲指数刻画制度环境，探索了制度约束下的信息透明度对企业投资效率的作用机理，彰显了会计信息披露影响企业投资效率的微观效应，提供了来自中国资本市场的会计信息质量影响资源配置效率的经验证据。本章为深入阐明会计信息质量产生的企业投资效率效应的第5~7章的撰写提供了分析基础与逻辑起点。

本书第5~7章依据上述研究框架图，从机构投资者、金字塔结构与内部控制三个制度约束层面，对会计信息的质量——会计稳健性、盈余管理影响企业投资效率的机理与效应进行了深入的专题研究，从而完成了会计信息产生与披露质量影响企业投资效率的制度约束效应的全链条完整分析。

秉持人文社科研究"与时俱进"的精神，本书立足于会计信息的定价与治理功能，基于制度约束的视角系统探讨了影响企业投资效率的主要因素，顺应了会计国际趋同与等效的发展潮流，有利于深刻把握新一轮供给侧改革赋予当代会计的新任务，规范企业的投资行为，改善企业投资效率。同时也能督促政府部门加快完善财务会计信息披露制度，积极发挥监督职能，约束企业非效率投资行为，为推进中国的现代企业制度建设，提升企业投资效率发挥积极的助推作用。

企业责任包括法律责任、经济责任、环境责任、慈善责任等，本书鲜有涉及环境责任与慈善责任。未来研究可以围绕企业捐赠的社会责任展开更加深入的研究，拓展企业会计信息的定价与治理功能，深入发掘提升企业投资效率的新动能、新途径和新方法。

参考文献

BHATTACHARYA U，DAOUK H，WELKER M，2003. The World Price of Earnings Opacity[J].
　Social Science Electronic Publishing，78（3）：641-678.

RICHARDSON S，2006. Over-investment of Free Cash Flow[J]. Review of Accounting Studies
　（11）：159-189.

第 2 章 沪深 A 股企业的非效率投资

研究信息透明度对企业投资效率的作用机理，一个首要的问题是解决企业投资效率的测量问题。纵观国内外已有研究，开发非效率投资度量模型，测量企业投资效率是一个流行的做法。迄今为止，得到广泛认同与应用的企业非效率投资度量模型有 FHP 模型、Vogt 模型、理查森模型和 VAR 模型。

2.1 非效率投资度量模型

2.1.1 FHP 模型：投资 – 现金敏感性模型

该模型通过固定资产的投资与其自由现金流的敏感性来衡量企业面临的融资约束程度，从敏感性的角度来衡量企业拥有大量自由现金流时的投资行为。具体模型如下：

$$(I / K)_{i,t} = \alpha + \beta_0 Q_{i,t} + \beta_1 (CF / K)_{i,t-1} + \varepsilon_{i,t} \qquad （2.1）$$

式中　　　　　　$I_{i,t}$——企业 i 第 t 期的投资支出；

$K_{i,t}$——企业 i 第 t 期的资产存量；

$(I/K)_{i,t}$——企业 i 第 t 期的投资函数；

$Q_{i,t}$——企业 i 第 t 期的投资机会；

CF——现金流；

$(CF/K)_{i,t-1}$——企业 i 第 $t-1$ 期的内部现金流函数；

α——常数项；

$\beta_1, \beta_2, \cdots, \beta_k$——模型参数，$k$ 为自然数；

$\varepsilon_{i,t}$——企业 i 第 t 期的随机扰动项。

在企业面临的外部融资约束很大时，企业更依赖内源融资，这样变量 CF/K 的系数会显著为正，而且企业面临的外部融资约束越强时，系数值越大，投资支出与现金流越敏感。

尽管 FHP 模型被学术界广泛使用，但该模型不能够准确地检验企业的投资效率。首先，它不能直接测量投资效率，无法区分投资支出与自由现金流的敏感性是由过度投资还是投资不足引起。其次，模型只考虑了融资约束这一个影响因素，而忽略了其他一些例如公司规模、企业性质、所在行业等相关因素。

2.1.2　Vogt 模型：自由现金流与投资机会交互项判别模型

该模型以投资机会（TobinQ）、自由现金流（FCF）及交互项（TobinQ × FCF）来检验企业是投资过度还是投资不足。模型如下：

$$INV = \alpha + \beta_1 TobinQ + \beta_2 Rev + \beta_3 FCF + \sum Industry + \sum Year + \varepsilon \qquad (2.2)$$

$$INV = \alpha + \beta_1 TobinQ + \beta_2 Rev + \beta_3 FCF + \beta_4 TobinQ \times FCF + \sum Industry + \sum Year + \varepsilon$$

$$(2.3)$$

式中　　　　Rev——营业收入；

　　　　$\sum Industry$——行业虚拟变量；

　　　　$\sum Year$——年度虚拟变量。

　　首先，通过模型（2.2）检验企业投资（INV）与自由现金流（FCF）是否存在显著关系。之后，在显著相关的前提下，通过模型（2.3）判断企业投资与交互项（TobinQ×FCF）的关系。当交互项 TobinQ×FCF 系数 β_4 为负，且投资机会较低时，说明企业投资过度。而当系数 β_4 为正，且企业投资机会较高时，说明投资不足。这种方法也有不足之处：首先，其只能检验企业是投资过度还是投资不足，不能说明非效率投资的程度；其次，采用 TobinQ 衡量投资机会会产生误差，因为我国股票市场有效性较低。

2.1.3　理查森模型：残差度量模型

　　该模型相较前面两种模型有着明显的进步，那就是用残差来度量企业非效率投资的程度。理查森（2006）构建了一个包括投资机会、负债水平、现金存量、上市年龄、企业规模、股票收益率、投资率、行业效应和年度效应等变量的投资模型。模型如下：

$$\text{Invest}_{i,t+1} = \alpha + \beta_1 V/P_{i,t} + \beta_2 \text{Lev}_{i,t} + \beta_3 \text{Cash}_{i,t} + \beta_4 \text{Age}_{i,t} + \beta_5 \text{Size}_{i,t} + \beta_6 \text{Return}_{i,t}$$
$$+ \beta_7 \text{Invest}_{i,t} + \sum \text{Year} + \sum \text{Industry} + \varepsilon_{i,t+1} \quad (2.4)$$

式中　$\text{Invest}_{i,t+1}$——企业 i 第 $t+1$ 期新增资本投资额，是企业总投资扣除维持性
投资后的净投资；

$\text{Invest}_{i,t}$——企业 i 第 t 期新投资；

$V/P_{i,t}$——企业 i 第 t 期投资机会逆指标，使用市账比的倒数进行衡量；

$\text{Lev}_{i,t}$——企业 i 第 t 期的资产负债率；

$\text{Cash}_{i,t}$——企业 i 第 t 期的现金存量；

$\text{Age}_{i,t}$——企业 i 第 t 期的上市年数；

$\text{Size}_{i,t}$——企业 i 第 t 期的企业规模；

$\text{Return}_{i,t}$——企业 i 第 t 期的股票收益率指标值；

$\varepsilon_{i,t+1}$——度量企业 i 第 $t+1$ 期投资过度与投资不足的程度的参数，其
绝对值表示非效率投资程度。

国内大多数研究使用理查森模型的回归残差区分投资不足和投资过度。若
残差大于 0，则表示企业是过度投资；若残差小于 0，则表示企业是投资不足。
残差的具体数值表示非效率投资程度。

2.1.4　VAR 模型

借鉴张功富和宋献中（2009）的做法，首先构建广义矩（GMM）估计量
对 VAR 模型进行估计得到基准（边际）Q（FQ），然后将资本性投资率与基准
Q（FQ）分行业回归的残差绝对值作为企业投资效率的测度。回归模型如下：

$$\text{Invest}_{i,t+1} = \alpha + \beta \text{FQ}_{i,t} + \varepsilon_{i,t+1} \tag{2.5}$$

以上利用 VAR 模型构建的基准 Q（FQ）定义为单位资本所创造的边际利润折现值，能较好地衡量增量投资创造预期现金流的潜力，可以避免采用 TobinQ 衡量投资机会存在的缺陷。其计算公式如下：

$$E\left[Q_{i,t} \mid \Omega_{i,t}\right] = \sum_{s=0}^{\infty} \lambda^s E\left[\pi_{i,t+s} \mid \Omega_{i,t}\right] \tag{2.6}$$

式中 $E[Q_{i,t}|\Omega_{i,t}]$——企业 i 第 t 期的基准 Q（期初边际价值）；

　　　　λ——折现因子；

　　　　$\pi_{i,t+s}$——企业 i 第 $t+s$ 期的边际利润；

　　　　$\Omega_{i,t}$——企业 i 第 t 期的信息集；

　　　　S——自然数。

2.2　沪深 A 股企业非效率投资状况

2.2.1　研究设计

（1）模型选择：理查森模型

本章基于理查森（2006）的预期投资模型测度沪深 A 股企业的非效率投资水平。

（2）数据来源与样本选择

本章选取 2000—2014 年沪深 A 股所有上市公司的年度数据作为初始样本（由于进行了滞后处理，实际数据收集期间为 1999—2014 年），并按以下规则进行筛选：①剔除金融保险业上市公司；②剔除所有 ST（特别处理）和 *ST（退市风险预警）公司；③剔除财务数据缺失的公司。最终得到 19639 个年度数据。同时，为了控制极端值的不利影响，本章对回归模型中的连续型变量在 10% 和 90% 分位数处进行了缩尾处理（Winsorize）。

（3）回归结果

基于模型（2.4），增加销售收入增长率（Salegrth）和企业性质（State）控制变量，本章对全样本进行了 OLS 多元线性回归（普通最小二乘回归），结果见表 2.1。

表 2.1　基于理查森模型的回归结果

变量	（1） OLS	（2） OLS_ni
Q	0.070***	0.044***
	（7.45）	（5.70）
Lev	−0.096***	−0.099***
	（−12.86）	（−13.23）
Cash	0.135***	0.135***
	（19.59）	（19.56）
Age	−0.016**	−0.012*
	（−2.18）	（−1.68）
Size	0.065***	0.029***
	（8.11）	（10.64）

变量	（1） OLS	（2） OLS_ni
Return	0.075***	0.085***
	（6.02）	（6.94）
Invest	0.453***	0.457***
	（71.40）	（72.37）
Salegrth	0.026***	0.030***
	（4.18）	（4.76）
State	−0.019***	−0.015**
	（−2.88）	（−2.32）
N	19639	19639
Adj. R^2	0.327	0.585

注：括号内为双尾检验 t 值，***、**、* 表示系数在 1%、5%、10% 水平上双尾显著，回归系数均为标准化系数，N 为样本量，全书同。

从表 2.1 的回归结果看，用理查森（2006）的残差模型度量投资效率时，股票回报率与投资规模在 1% 水平上显著正相关，即企业的投资回报率越高，预期投资规模越大；投资机会、企业规模与投资规模在 1% 水平上显著正相关。列（2）无截距回归时拟合优度（Adj. R^2）的值为 0.585，回归方程具有令人满意的拟合优度，因此以残差度量投资效率（投资规模的合适性）具有科学性。

2.2.2　描述性统计

为了更直观地观察沪深 A 股市场非效率投资，笔者把非效率投资分为投资过度与投资不足，表 2.2 和表 2.3 分别是对沪深 A 股市场投资过度与投资不足的描述性统计。

表 2.2　沪深 A 股市场投资过度的描述性统计

样本	年份	样本量	中位数	均值	标准差	1/4分位数	3/4分位数	最小值	最大值
全样本	2000—2014	7626	0.0486	0.0612	0.0511	0.0184	0.0917	0.0000	0.2434
年度样本	2000	323	0.0649	0.0708	0.0494	0.0281	0.1024	0.0001	0.1917
	2001	355	0.0638	0.0724	0.0524	0.0254	0.1084	0.0002	0.2143
	2002	414	0.0549	0.0644	0.0505	0.0219	0.0937	0.0000	0.2278
	2003	444	0.0519	0.0622	0.0499	0.0212	0.0908	0.0002	0.2128
	2004	450	0.054	0.0636	0.0495	0.0217	0.0942	0.0004	0.2191
	2005	506	0.0309	0.0492	0.0484	0.0111	0.0781	0.0000	0.2261
	2006	480	0.0436	0.0603	0.0526	0.0164	0.0902	0.0000	0.2390
	2007	488	0.0500	0.0626	0.0534	0.0174	0.091	0.0000	0.2290
	2008	489	0.0468	0.0603	0.0495	0.0196	0.0906	0.0001	0.2273
	2009	552	0.0387	0.0565	0.0543	0.0134	0.0863	0.0002	0.2434
	2010	566	0.0479	0.0611	0.0523	0.0176	0.0916	0.0001	0.2316
	2011	615	0.0493	0.0601	0.0485	0.0206	0.0899	0.0000	0.2157
	2012	764	0.0397	0.0551	0.0497	0.0142	0.0833	0.0001	0.2225
	2013	567	0.0510	0.0632	0.0530	0.0196	0.0938	0.0002	0.2221
	2014	613	0.0592	0.0660	0.0495	0.0241	0.0962	0.0000	0.2182

从表 2.2 得知，沪深 A 股市场全样本投资过度的中位数是 0.0486，均值是 0.0612，最小值是 0.0000，最大值是 0.2434，说明过度投资现象差别较大；从表 2.3 得知，全样本投资不足的中位数是 0.0325，均值是 0.0389，最小值是 0.0000，最大值是 0.1985，说明投资不足现象差别较大。但在分年度的描述性统计中，投资差别不大。且对比表 2.2 与表 2.3 发现，沪深 A 股企业的非效率投资现状，相较于投资过度，投资不足的现象更严重。

表 2.3　沪深 A 股市场投资不足的描述性统计

样本	年份	样本量	中位数	均值	标准差	1/4 分位数	3/4 分位数	最小值	最大值
全样本	2000—2014	12013	0.0325	0.0389	0.0292	0.0174	0.0530	0.0000	0.1985
年度样本	2000	486	0.0424	0.0497	0.0336	0.0266	0.0650	0.0001	0.1985
	2001	549	0.0404	0.0468	0.0334	0.0209	0.0633	0.0004	0.1788
	2002	620	0.0348	0.043	0.0335	0.0177	0.0605	0.0001	0.1738
	2003	656	0.0359	0.0421	0.0304	0.0196	0.0576	0.0000	0.1633
	2004	717	0.0321	0.0399	0.0299	0.0179	0.0555	0.0000	0.1888
	2005	717	0.0258	0.0347	0.0302	0.0117	0.0497	0.0000	0.1592
	2006	815	0.0301	0.0355	0.0278	0.0150	0.0474	0.0000	0.1561
	2007	794	0.0317	0.0384	0.0291	0.0170	0.0525	0.0001	0.1687
	2008	800	0.0307	0.0369	0.0277	0.0168	0.0486	0.0001	0.1640
	2009	889	0.0279	0.0351	0.0284	0.0144	0.0479	0.0001	0.1641
	2010	944	0.0311	0.0367	0.0264	0.0175	0.0491	0.0002	0.1669
	2011	969	0.0335	0.0381	0.0267	0.0187	0.0512	0.0000	0.1517
	2012	1144	0.0299	0.0368	0.0283	0.0153	0.0514	0.0000	0.1631
	2013	936	0.0339	0.0383	0.0262	0.0186	0.0532	0.0000	0.1497
	2014	977	0.0367	0.0414	0.0289	0.0200	0.0552	0.0002	0.1667

2.2.3　企业非效率投资的时间序列特征

在此，笔者进一步构建了沪深 A 股企业投资效率的时间序列特征（2000—2014）的回归模型，回归模型是 $r\_ni = \alpha + \beta \times Year + \varepsilon$（$r\_ni$ 为有截距项的投资效率，

Year 为年份)。回归模型分为投资不足和投资过度两个部分。

表 2.4　沪深 A 股企业投资效率的时间序列特征（2000—2014）

回归模型 r_ni = $\alpha + \beta \times$ Year $+ \varepsilon$		
投资不足	Year	0.064325***
		（7.06）
	_cons	−0.944***
		（−7.37）
	N	12013
投资过度	Year	−0.0301235**
		（−2.63）
	_cons	0.796**
		（2.85）
	N	7626

注：_cons 为公式的截距项。

从表 2.4 中可以看出，沪深 A 股企业投资不足与年度变量显著正相关，这表明企业投资不足得到缓解的状况存在时间序列趋势；沪深 A 股企业投资过度与年度变量显著负相关，这表明企业投资过度被遏制的状况存在时间序列趋势。

2.3　进一步分析

此外，笔者还从行业、产权、地区、省份等角度对样本企业投资效率进行了分类，得到以下结果：①从行业来看，机械、设备、仪表行业样本占比最多，其次是批发、零售贸易行业、石油、电子行业，木材、家具和传播与文化产业最少；②从产权来看，国有企业的非效率投资情况较严重；③从地区来看，西部地区非效率投资情况最好，中部地区次之，东部地区非效率投资情况最严重；④从省份来看，宁夏、青海、西藏等省份非效率投资情况最好，广东、上海、北京、浙江等省份非效率投资情况最严重。

FHP 模型通过固定资产的投资与其自由现金流的敏感性来衡量企业面临的融资约束程度，但最大的缺点是不能直接测量企业投资效率；Vogt 模型以投资机会、自由现金流及交互项来检验企业是投资过度还是投资不足，该模型仍然没有克服 FHP 模型的缺陷；理查森模型使用残差来度量企业非效率投资，它可以测量微观个体不同时间维度的投资过度与不足，因而得到了广泛应用；VAR 模型虽然可以较好地衡量增量投资创造预期现金流的潜力，但是折现因子等模型参数的确定需要有一个相对成熟发达的资本市场作为支撑，所以本书选定理查森模型作为企业非效率投资的度量模型。

本章选取 2000—2014 年沪深 A 股所有上市公司的年度数据作为初始样本，应用理查森模型度量了我国上市公司的投资效率。描述性统计表明，投资过度组，全样本非效率投资的中位数是 0.0486，均值是 0.0612，最小值是 0.0000，最大值是 0.2434，说明过度投资现象差别较大；投资不足组，非效率投资的中位数是 0.0325，均值是 0.0389，最小值是 0.0000，最大值是 0.1985，说明投资不足现象差别较大。企业非效率投资的时间序列特征分析表明，企业投资不足得到缓解的状况存在时间序列趋势；企业投资过度被遏制的状况也存在时间序列趋势。

参考文献

张功富，宋献中，2009. 我国上市公司投资：过度还是不足？——基于沪深工业类上市公司
　　非效率投资的实证度量 [J]. 会计研究（5）：69-77.

RICHARDSON S，2006. Over-investment of Free Cash Flow[J]. Review of Accounting Studies
　　（11）：159-189.

第 3 章　沪深 A 股企业的
会计信息质量

　　关于信息透明度、会计稳健性及会计信息质量这三个概念，在学术界与实务界尚未取得完全一致的认识。本书认为，目前会计稳健性及会计信息质量主要是用来认识与表达会计信息生产过程的两个核心概念；而信息透明度是一个关于会计信息质量表达的多维综合性概念，有颇多争议，本书将其理解为会计信息披露的核心概念。本章从盈余管理、会计稳健性与信息透明度三个维度来调查分析我国沪深 A 股上市公司会计信息质量的状况。

3.1　沪深 A 股企业的盈余管理

3.1.1 盈余管理度量方法

3.1.1.1　管理后盈余分布法

该方法由布格斯塔勒和迪切夫（Burgstahler & Dichev，1997）首先提出，他们认为管理者利用盈余管理规避风险，减少亏损，维持或提高自己的薪酬与绩效。该方法主要通过采用直方图和统计检验两种手段，预测在某些特定点可能出现的盈余管理现象。管理后盈余分布法仅考虑不连续分布在特定区间是否存在盈余管理，适用于特定动机的盈余管理行为。未经盈余管理的企业大致呈正态分布，否则为经过盈余管理的企业。

3.1.1.2　应计利润总额法

应计利润总额法，是早期的应计利润分离法。其基本假定是：在财务报告中，假定除了经营现金流量未被管理，其他的应计项目都被管理过。因此，总应计利润即为操控性应计利润。其常用的模型有以下两种：

（1）希利模型（Healy，1985）

该模型基于薪酬制度的盈余管理，因无法获得具体应计项目的记账依据，所以假定非操控性应计利润不会改变，各年均值为 0。

基于此，其计量模型为

$$\mathrm{NDA}_t / A_{i,t-1} = \sum \mathrm{TA}_t / (T \times A_{t-1}) \qquad (3.1)$$

式中 NDA_t——企业经过第 $t-1$ 期期末总资产调整后的第 t 期的非操控性应计

利润；

$A_{i,t-1}$——企业 i 第 $t-1$ 期期末总资产；

TA_t——企业第 t 期的总体应计利润；

T——估计期的年份；

A_{t-1}——第 t 期期初总资产的账面价值。

（2）迪安杰络模型（DeAngelo，1986）

该模型是基于委托代理关系的盈余管理，假定非操控性应计利润遵循随机抽样规则，用估计期望的总体应计利润代替预期非操控性应计利润。迪安杰络（1986）将 $t-k$ 期（k 为自然数）的总应计利润作为正常的总应计利润，非正常应计利润 $\Delta \mathrm{TA}_t$ 是当期总应计利润减去 $t-k$ 期总应计利润，即 $\Delta \mathrm{TA}_t=(\mathrm{TA}_t - \mathrm{TA}_{t-k})$，因此 $\Delta \mathrm{TA}_t$ 分离成可操控的应计利润和非操控的应计利润。迪安杰络模型基于这样的假定即非操控的应计利润平均变化（$\mathrm{NDA}_t - \mathrm{NDA}_{t-k}$）为 0，这样总应计利润的变化（$\mathrm{TA}_t - \mathrm{TA}_{t-k}$）即反映出操控性应计利润的变化（$\mathrm{DA}_t - \mathrm{DA}_{t-k}$）。其模型如下：

$$\mathrm{TA}_t = \mathrm{NI}_t - \mathrm{CF}_t \tag{3.2}$$

$$\Delta \mathrm{TA}_t = (\mathrm{TA}_t - \mathrm{TA}_{t-k}) = (\mathrm{DA}_t - \mathrm{DA}_{t-k}) - (\mathrm{NDA}_t - \mathrm{NDA}_{t-k}) \tag{3.3}$$

式中 DA_t——企业经过第 $t-1$ 期期末总资产调整后的第 t 期的操控性应计数；

NI_t——企业第 t 期的净收益；

CF_t——企业第 t 期的经营现金流；

$\Delta \mathrm{TA}_t$——企业总体应计利润的变化。

3.1.1.3　应计利润分离法

应计利润分离法假定非操纵性盈余是由外生经济状况决定的。受计算非操纵性应计盈余影响因素的不同，其可形成以下几种模型：

（1）横截面琼斯（Jones）模型

夏立军（2003）提出的基于线上应计截面琼斯模型，即使用截面的线上估计应计盈余管理模型，进而预测期实际总应计盈余管理减去上述模型的预期的真实盈余管理，得到预期操控性应计盈余管理的估计值。具体而言，就是要假设估计 j 公司第 $t+1$ 期的操控性应计，假设 t 期为估计期，$i=1,2,\cdots,i_j$ 为与 j 公司具有相同业务类型的其他公司，以同行业其他公司的财务数据（即截面数据）估计以下模型。

$$\frac{\mathrm{GA}_{i,t}}{A_{i,t-1}} = \beta_{0,t} + \beta_{1,t}\frac{\Delta\mathrm{REV}_{i,t}}{A_{i,t-1}} + \beta_{2,t}\frac{\mathrm{PPE}_{i,t}}{A_{i,t-1}} + \varepsilon_{i,t}\left(i=1,2,...,i_j\right) \quad （3.4）$$

式中　　　$\mathrm{GA}_{i,t}$——企业 i 第 t 期期末的线上应计，即营业利润与经营现金流量的差；

$\Delta\mathrm{REV}_{i,t}$——企业 i 第 t 期相对于上期的营业收入的增量；

$\mathrm{PPE}_{i,t}$——企业 i 第 t 期期末固定资产的原值；

$\varepsilon_{i,t}$——企业 i 第 t 期的随机扰动项。

假设上述模型参数 $\beta_{1,t}$，$\beta_{2,t}$ 和 $\beta_{3,t}$ 的估计值分别为 $b_{1,t}$，$b_{2,t}$，$b_{3,t}$，用第 j 家公司第 $t+1$ 期的实际数据预测其非操控性应计，可得

$$\mathrm{NDA}_{j,t+1} = b_{0,t} + b_{1,t}\frac{\Delta\mathrm{REV}_{j,t+1}}{A_{j,t}} + b_{2,t}\frac{\mathrm{PPE}_{j,t+1}}{A_{j,t}} \quad （3.5）$$

从第 j 家公司的总应计中减去预测的非操控性应计，即得到操控性应计的估计值，即

$$DA_{j,t+1} = \frac{TA_{j,t+1}}{A_{j,t}} - NDA_{j,t+1} \qquad (3.6)$$

总体来说，该模型是对时间序列模型检验效果和统计方法的优化，其中参数用截面数据估计而不是用时间序列数据估计。

（2）修正的琼斯模型（Dechow et al.，1995）

该模型德肖和斯隆（Dechow & Sloan，1995）在琼斯模型的基础上，考虑了信用政策与企业的经营活动，增强了对收入盈余的解释力度。具体模型为

$$NDA_t = \alpha_1(1/A_{t-1}) + \alpha_2(\Delta REV_t - \Delta REC_t/A_{t-1}) + \alpha_3(PPE_t/A_{t-1}) \qquad (3.7)$$

式中　ΔREC_t——第 t 期净应收款项和第 $t-1$ 期净应收款项的差额；

其他变量含义同前。α_1，α_2，α_3 系数的估计值由估计期观测值通过 OLS 估计得到。

（3）行业模型（Dechow et al.，1995）

行业模型假设影响非操纵性盈余的因素在同行业公司之间是相同的。基于此，其计量模型为

$$NDA_t = \beta_1 + \beta_2 Median(TA_t/A_{t-1}) \qquad (3.8)$$

式中　$Median(TA_t/A_{t-1})$——同行业所有非样本企业经过第 $t-1$ 期总资产调整的第 t 期应计利润的中位数。

公司特征参数 β_1，β_2 用估计期观测值通过 OLS 估计获得。

（4）具体应计项目法

该方法将特定行业中某一或某组应计项目作为研究对象，根据管理者的职业判断能力来检测是否存在盈余管理。主要应用于贷款损失准备和保险业的索赔损失准备。

3.1.2　沪深 A 股企业的盈余管理状况

3.1.2.1　模型设计

（1）模型选择：预期琼斯模型

该模型采用夏立军（2003）提出的基于线上应计截面琼斯模型，将 DA 取绝对值，代表应计盈余管理，它的绝对值变大时，直接表明了企业的会计信息质量愈来愈差。这种方法在现有研究文献中应用较为普遍。

（2）数据来源与样本选择

本章从 CSMAR 数据库收集 1999—2014 年度沪深 A 股所有上市公司的年度数据作为初始样本，并按以下规则进行筛选：①剔除金融保险业上市公司；②剔除 ST、PT（特别转让）公司和退市公司；③剔除财务数据缺失的公司。受变量可获得性限制，有关数据前导，本章最终得到 12000 个公司年度样本。

（3）回归结果

基于夏立军（2003）截面琼斯模型，本章对样本数据执行了分年度、分行业的 OLS 回归，得到了我国沪深 A 股上市公司 1999—2014 年度盈余管理指标，表 3.1 列出了全样本的回归结果。

表 3.1　基于预期琼斯模型的盈余管理的全样本回归结果

TA_A	ΔREV_A	PPE_A	_cons	Adj. R^2
0.2645	0.2531	−0.5727*	0.1442*	0.27
（1.25）	（1.63）	（−1.78）	（1.73）	—

3.1.2.2　描述性统计

为了充分反映我国沪深 A 股企业的盈余管理，本章把盈余管理分为应计盈余管理与真实盈余管理，表 3.2 和表 3.3 分别是沪深 A 股企业应计盈余管理与真实盈余管理分年度的描述性统计。

表 3.2　沪深 A 股企业应计盈余管理分年度的描述性统计

样本	年份	样本量	最小值	均值	1/4分位数	中位数	3/4分位数	标准差	最大值
全样本	1999—2014	12000	−37.8500	0.0183	−0.0255	0.0381	0.0966	0.6237	17.5300
年度样本	1999	366	−0.5729	−0.0222	−0.0742	−0.0147	0.0403	0.1276	0.8092
	2000	419	−0.9676	−0.0225	−0.0727	0.0015	0.0558	0.1551	0.4729
	2001	461	−0.9084	−0.0167	−0.0653	0.0033	0.0642	0.1460	0.3941
	2002	547	−1.9920	0.0191	−0.0257	0.0399	0.1007	0.1718	0.4395
	2003	625	−0.8528	0.0304	−0.0120	0.0455	0.1008	0.1398	0.4538
	2004	687	−1.1230	0.0381	−0.0149	0.0504	0.1073	0.1362	0.5284
	2005	748	−0.8562	0.0437	0.0015	0.0516	0.0978	0.1090	0.3747
	2006	803	−2.4500	0.0478	0.0099	0.0583	0.1087	0.1683	2.1080
	2007	798	−4.2440	0.0332	−0.0193	0.0474	0.1047	0.2470	2.5640
	2008	811	−35.0100	−0.0152	−0.0246	0.0321	0.0914	1.2600	0.9315

样本	年份	样本量	最小值	均值	1/4分位数	中位数	3/4分位数	标准差	最大值
年度样本	2009	817	−18.9200	−0.0282	−0.0525	0.0370	0.0942	0.7031	1.3140
	2010	816	−1.5630	0.0517	−0.0069	0.0543	0.1131	0.1743	1.3680
	2011	882	−1.7360	0.0310	−0.027	0.0318	0.0945	0.1992	2.5590
	2012	1039	−29.1700	0.0203	−0.0486	0.0229	0.0900	1.0930	17.5300
	2013	1178	−4.2890	0.0361	−0.0129	0.0437	0.1083	0.2479	3.2800
	2014	1258	−37.8500	−0.0015	−0.0163	0.0377	0.0955	1.1100	1.2620

表 3.3 沪深 A 股企业真实盈余管理分年度的描述性统计

样本	年份	样本量	最小值	均值	1/4分位数	中位数	3/4分位数	标准差	最大值
全样本	1999—2014	12000	−17.7400	0.0002	−0.0330	−0.0144	0.0167	0.5665	50.5900
年度样本	1999	367	−0.4859	0.0372	0.0174	0.0343	0.0519	0.0526	0.3162
	2000	419	−0.8105	0.0122	−0.0056	0.0068	0.0251	0.0648	0.6150
	2001	463	−0.3526	−0.0017	−0.0154	−0.0045	0.0080	0.0371	0.1237
	2002	547	−0.4958	−0.0108	−0.0246	−0.0167	−0.0030	0.0607	0.8198
	2003	626	−0.1845	−0.0265	−0.0376	−0.0306	−0.0186	0.0277	0.1441
	2004	687	−0.3990	−0.0167	−0.0317	−0.0219	−0.0133	0.0537	0.6721
	2005	748	−0.5077	−0.0266	−0.0305	−0.0265	−0.0225	0.0296	0.1648
	2006	805	−0.1548	−0.0343	−0.0462	−0.0358	−0.0233	0.0283	0.2599
	2007	798	−0.3302	−0.0163	−0.0463	−0.0265	−0.0031	0.0821	1.3390
	2008	812	−0.6818	0.0613	−0.0298	−0.0096	0.0037	1.8130	50.5900
	2009	820	−5.3770	−0.0193	−0.0563	−0.0350	−0.0131	0.2344	0.4653
	2010	819	−1.1730	−0.0266	−0.0417	−0.0234	−0.0111	0.0954	1.3120
	2011	883	−4.9410	0.0135	−0.0157	0.0162	0.0381	0.2230	2.71100
	2012	1040	−17.7400	0.0317	−0.0219	0.0302	0.0695	1.0270	27.7100
	2013	1178	−3.1390	0.0101	−0.0197	0.0035	0.0209	0.2122	4.2680
	2014	1258	−0.5748	0.0080	−0.0195	0.0081	0.0287	0.0647	1.2150

从表 3.2 来看，全样本最小值为 –37.8500，中位数为 0.0381，最大值为 17.5300，应计盈余管理样本差别较大。从表 3.3 来看，全样本最小值为 –17.7400，中位数为 –0.0144，最大值为 50.5900，同样真实盈余管理样本差别较大。但在分年度的描述性统计中，盈余差别不大。而从表 3.2 和表 3.3 对比分析可以看出，应计盈余管理与真实盈余管理水平几乎对称，应计盈余管理水平高的年份，真实盈余管理水平相对较低。

3.1.3 进一步分析

此外，笔者还从地区、行业、省份等方面对盈余管理水平进行分析，发现：①从地区来看，东部地区国有企业的真实盈余管理水平最高；②从行业来看，建筑业、房地产业与综合类行业真实盈余管理为负；其他制造业、建筑业、房地产业与综合类行业应计盈余管理却为正；③从省份来看，湖北与西藏的真实盈余管理的平均水平为负，湖北、上海与天津应计盈余管理的平均水平显著为正。

3.2 沪深 A 股企业的会计稳健性水平

3.2.1 会计稳健性度量模型

对会计稳健性度量模型的构建大体遵循两种思路：一种是基于损益表的稳健性，即会计收益在正面和负面两种环境中的不对称反应（Basu，1997）；另一种思路是基于资产负债表的稳健性，即会计的加速折旧法等类似稳健性处理对账面权益产生的持续有偏（向下）估计（Beave & Ryan，2005）。

3.2.1.1　基于损益表的稳健性

基于损益表的稳健性又称为条件稳健性，是指因企业经营环境的变化而进行的稳健性处理。如资产的账面价值在经营环境变差时被减值，但是在经营环境好转时并不转回来，资产减值政策体现的就是这类稳健性。条件稳健性是 $\mathrm{EPS}_{i,t}$ 对负面消息的更及时反应（Iatridis，2011），即对收入的确认较之比对损失的确认要有更高的可验证性，它一般会导致当期会计盈余的减少。度量条件稳健性的方法有：盈余 – 股票报酬模型（Basu，1997）、盈余持续性模型（Basu，1997）、多期间累积的盈余 – 股票报酬模型（Roychowdury & Watts，2007）、卡恩和瓦茨模型（Khan & Watts，2009）等。

（1）盈余 – 股票报酬模型

盈余 – 股票报酬模型是由巴苏（Basu，1997）提出的。巴苏（1997）考察了一定时期内公司盈余中包含的公司消息，这些消息有"好"有"坏"（股票的正或负报酬），并可以通过股票报酬率进行反映。股票的正或负报酬作为"好消息"或"坏消息"的代理变量，"坏消息"比"好消息"更及时地在当期盈余中得到反映，盈余与"好消息"或"坏消息"的关联性呈现不对称的特点，整体表现为分段的线性形式。因此，巴苏（1997）采用反回归方程构建了盈余 – 股票报酬计量法。其计量模型如下：

$$\frac{\mathrm{EPS}_{i,t}}{P_{i,t-1}} = \alpha + \alpha_1 \mathrm{DR}_{i,t} + \beta_0 \mathrm{RET}_{i,t} + \beta_1 \mathrm{RET}_{i,t} \times \mathrm{DR}_{i,t} + \varepsilon_{i,t} \qquad (3.9)$$

式中　　$\text{EPS}_{i,t}$——企业 i 第 t 期的每股盈余；

$P_{i,t-1}$——企业 i 第 t 期期初的每股价格；

$\text{RET}_{i,t}$——企业 i 第 t 期的股票报酬率；

$\text{DR}_{i,t}$——哑变量，当 $\text{RET}_{i,t}<0$ 时，取值为 1，否则为 0；

α_1——哑变量系数。

该模型中，β_1 度量了会计盈余与正股票年度报酬率之间的相关关系，即会计盈余确认"好消息"的及时性；（$\beta_1+\beta_2$）度量了会计盈余与负股票年度报酬率之间的相关关系，即会计盈余确认"坏消息"的及时性；β_2 度量了会计盈余确认"坏消息"较之确认"好消息"的及时性。如果存在会计稳健性，则 β_2 应大于 0。

（2）盈余持续性模型

该模型也是由巴苏（1997）提出的。巴苏（1997）认为确认"好消息"的时候对可验证性的要求更高，所以只有当资产价值增加并产生了现金流时才将利得确认为会计盈余，从而造成负盈余及其变化更加容易出现反转，而正盈余及其变化的持续性更强，所以就可以采用盈余的持续性来度量会计稳健性。其计量模型如下：

$$\frac{\text{EPS}_{i,t}}{P_{i,t-1}} = \alpha_0 + \alpha_1 \text{DR}_{i,t} + \beta_0 \frac{\Delta\text{EPS}_{i,t-1}}{P_{i,t-2}} + \beta_1 \text{DR}_{i,t} \times \frac{\Delta\text{EPS}_{i,t-1}}{P_{i,t-2}} + \varepsilon_{i,t} \qquad （3.10）$$

式中　　$\Delta\text{EPS}_{i,t}$——企业 i 第 $t-1$ 期到第 t 期每股盈余的变化；

$\Delta\text{EPS}_{i,t-1}$——企业 i 第 $t-2$ 期到第 $t-1$ 期每股盈余的变化；

$P_{i,t-2}$——企业 i 第 $t-1$ 期期初的每股价格；

$\text{DR}_{i,t}$——哑变量，当 $\Delta\text{EPS}_{i,t}/P_{i,t-1}<0$ 时，取值为 1，否则为 0。

该模型中，β_1 度量了"好消息"组会计盈余反转的系数；（$\beta_1+\beta_2$）度量了"坏消息"组会计盈余反转的系数；β_2 度量了"坏消息"组较之"好消息"组会计盈余的增量反转程度。如果存在会计稳健性，则 β_2 应小于 0。

（3）累积盈余 – 股票报酬模型

此模型是由罗伊乔杜里和瓦特（Roychowdhury & Watts，2007）提出的，它是对盈余 – 股票报酬模型的改进，即用累计股票报酬率代替年股票报酬率，用累计每股盈余代替年每股盈余。其计量模型如下：

$$\frac{\mathrm{EPS}_{t+1,t+k}}{P_t} = \alpha + \alpha_1 \mathrm{DR}_{t+1,t+k} + \beta_0 \mathrm{RET}_{t+1,t+k} + \beta_1 \mathrm{RET}_{t+1,t+k} \times \mathrm{DR}_{t+1,t+k} + \varepsilon \qquad （3.11）$$

式中　　$\Delta \mathrm{EPS}_{t+1,t+k}$——企业第 $t+1$ 期到第 $t+k$ 期的累积每股盈余；

　　　　　　P_t——企业第 t 期期末的每股价格；

　　　　$\mathrm{RET}_{t+1,t+k}$——企业第 $t+1$ 期到第 $t+k$ 期的累计股票报酬率；

　　　　$\mathrm{DR}_{t+1,t+k}$——哑变量，当 $\mathrm{RET}_{t+1,t+k}<0$ 时，取值为 1，否则为 0。

如果存在会计稳健性，则 β_2 应大于 0。

（4）卡恩和瓦茨模型

卡恩和瓦茨（Khan & Watts，2009）认为巴苏模型中的会计盈余对外部信息的反应程度是公司三个特征变量——账面市值比（M/B）、公司规模（Size）和资本结构（Lev）的线性函数，所以对原有巴苏模型进行了如下改进：

$$X_i = \alpha + \beta_1 D_i + \beta_2 R_i + \beta_3 D_i R_i + e_i \qquad （3.12）$$

$$\mathrm{G\_Score} = \beta_2 = \alpha + \mu_1 \mathrm{Size}_i + \mu_2 M/B_i + \mu_3 \mathrm{Lev}_i \qquad （3.13）$$

$$\mathrm{C\_Score} = \beta_3 = \alpha + \lambda_1 \mathrm{Size}_i + \lambda_2 M/B_i + \lambda_3 \mathrm{Lev}_i \qquad （3.14）$$

$$X_i = \alpha + \beta_1 D_i + R_i(\alpha + \mu_1 \mathrm{Size}_i + \mu_2 M/B_i + \mu_3 \mathrm{Lev}_i) + D_i R_i(\alpha + \lambda_1 \mathrm{Size}_i + \lambda_2 M/B_i + \lambda_3 \mathrm{Lev}_i)$$

$$+ (\delta_1 \mathrm{Size}_i + \delta_2 M/B_i + \delta_3 \mathrm{Lev}_i + \delta_4 D_i \mathrm{Size}_i + \delta_5 D_i M/B_i + \delta_6 D_i \mathrm{Lev}_i) + \varepsilon_i \qquad （3.15）$$

式中　　　　　　　e_i——企业 i 的随机扰动项；

　　$\mu_1, \mu_2, \cdots, \mu_k$——模型参数；

　　$\lambda_1, \lambda_2, \cdots, \lambda_k$——模型参数；

　　$\delta_1, \delta_2, \cdots, \delta_k$——模型参数。

式中：C_Score 反映了相对于"好消息"，会计盈余对"坏消息"的增量确认倾向。因此，定义 C_Score=β_3，该值越大，会计盈余对负面消息更加敏感，稳健性越强。

3.2.1.2　基于资产负债表的稳健性

基于资产负债表的稳健性又称为非条件稳健性，是指会计处理方法在资产或负债形成的时候就已经确定了，不会因为经营环境的变化而变化。如有关研究开发的费用化处理以及大部分固定资产采用加速折旧法等。它是一种总体偏见，与当期消息无关。它一般会导致权益资本的市价长期高于其账面价值。度量非条件稳健性的方法有净资产账面 – 市场价值比率模型（Beaver & Ryan，1999）、负累积应计项目模型（Givoly & Hayn，2000）和应计 – 现金流量模型（Ball & Shivakumar，2005）。

（1）净资产账面 – 市场价值比率模型

该模型由比弗和瑞恩（Beaver & Ryan，1999）提出。他们将净资产账面价值与市场价值的比率分为偏差部分与滞后部分。偏差是指账面价值持续高于或者低于市场价值，这与会计稳健性有关。滞后是指未预期的利得或损失没有立即在账面中予以确认，而是在以后期间逐步确认，从而导致账面价值与市场价值的比率暂时性偏高或偏低，这与会计稳健性无关。因此，比弗和瑞恩（1999）采用偏差来计量会计稳健性。其计量模型如下：

$$\text{BTM}_{i,t} = \alpha_t + \alpha_i + \sum_{j=0}^{6} \beta_j \text{RET}_{i,t-j} + \varepsilon_{i,t} \qquad (3.16)$$

式中　　$\text{BTM}_{i,t}$——企业 i 第 t 期净资产账面价值与市场价值的比率；

α_t——年度效应；

$\text{RET}_{i,t-j}$——企业 i 第 $t-j$ 期股票报酬率；

α_i——企业效应，代表企业净资产的账面价值低于市场价值的偏差，
该系数越低说明会计稳健性越大。

（2）负累积应计项目模型

该模型由吉弗里和海因（Givoly & Hayn, 2000）提出。吉弗里和海因（2000）认为，由于会计稳健性意味着会计盈余更多地反映了"坏消息"的影响，从而导致累计应计项目为负，因此可以通过用累积应计项目的符号及大小来判断会计稳健性。其计量模型如下：

$$\text{Nopacc} = \text{Tacc} - \text{Opacc} \qquad (3.17)$$

式中　　Tacc——总应计项目，总应计＝净利润＋折旧－经营活动产生的现金流；

Opacc——经营性应计项目，经营性应计＝应收账款变动额＋存货变动额＋
预付账款变动额－应付账款变动额－应交税金变动额；

Nopacc——企业的非经营性应计项目，为会计稳健性的度量指标，如果
该值持续为负，则说明存在会计稳健性。

（3）应计－现金流量模型

该模型由鲍尔和什瓦库玛（Ball & Shivakumar, 2005）提出。鲍尔和什瓦库玛（2005）认为，应计项目的随机性会导致两种不同时间序列特征的现金流，即时间序列上负相关的现金流和正相关的现金流。某一年度的现金流出并不意

味着企业价值的降低，它可能在未来带来更多的现金流量。因此，负相关的现金流会使经营活动现金流中包含更多的噪声，而会计应计项目的作用就是减少这些噪音。鲍尔和什瓦库玛（2005）采用经营活动现金流量作为"好消息"和"坏消息"的替代变量，提出了应计－现金流关系模型。其计量模型如下：

$$ACC_{i,t} = \alpha_1 DR_{i,t} + \beta_0 CFO_{i,t} + \beta_1 DR_{i,t} \times CFO_{i,t} + \varepsilon_{i,t} \qquad （3.18）$$

式中　　$ACC_{i,t}$——企业 i 第 t 期期初总资产平均后的应计项目，即（净利润＋
　　　　　　　　财务费用－经营活动现金流量）/ 期初总资产；

　　　　$CFO_{i,t}$——企业 i 第 t 期期初总资产平均后的经营活动现金流量，即经营
　　　　　　　　活动现金流量 / 期初总资产；

　　　　$DR_{i,t}$——哑变量，当 $CFO_{i,t}<0$ 时取值为 1，否则为 0。

该模型中，度量应计项目与正经营活动现金流量之间关系的 β_1 以及度量应计项目与负经营活动现金流量之间关系的（$\beta_1+\beta_2$）均应为负值。由于应计项目具有缓解经营活动现金流量噪声以及及时确认经济损益的作用，因此应计项目与负经营活动现金流量之间的相关性应该更强，如果存在会计稳健性，则 β_2 应大于 0。

3.2.2　沪深 A 股企业会计稳健性状况

3.2.2.1　研究设计

（1）模型选择

为了能够计量出每个企业的会计稳健性水平，本章参照卡恩和瓦茨（2009）模型中的会计盈余对外部信息的反应程度，即公司三个特征变量——账面市值

比（*M/B*）、公司规模（Size）和资本结构（Lev）的线性函数，利用巴苏的超额市场回报率模型（Abnormal Market Return）计算出各个公司在估计年度对"好消息"的反应（G_Score）以及对"坏消息"的反应（C_Score）。具体见模型（3.12）—（3.15）。

（2）数据来源与样本选择

本章选取 1994—2014 年度在沪深证券交易所正常交易的 A 股上市公司作为初始研究样本，并按以下规则进行筛选：①剔除金融保险类上市公司；②剔除暂停上市的企业；③剔除财务数据缺失的公司，最终获得研究样本 22879 个。样本数据主要来源于国泰安（CSMAR）上市公司财务报表数据库与股票市场交易数据库。此外，为了控制极端值的不利影响，本章对回归模型中的连续型变量在 1% 和 99% 分位数处进行了缩尾（Winsorize）处理。

（3）回归结果

根据卡恩和瓦茨（2009）的研究，本章执行了分年度回归，据以计算样本公司各年的会计稳健性指数。表 3.4 列出了模型（3.15）的会计稳健性回归结果。

表 3.4　基于模型（3.15）的会计稳健性回归结果

D	*R*	*R*Size	*RM/B*	*R*Lev	DR	DRSize	DR*M/B*
0.212	0.662***	−0.677***	−0.004	−0.024	1.115***	−1.281***	0.093***
（0.99）	（3.30）	（−3.25）	（−0.18）	（−0.97）	（5.70）	（−6.31）	（3.76）

DR*Lev*	Size	*M/B*	Lev	*R*Size	D*M/B*	D*Lev*	Adj*R*^{2}
0.328***	0.223***	−0.041**	0.046**	−0.280	0.058**	0.036	0.096
（12.08）	（16.67）	（−2.21）	（2.35）	（−1.26）	（2.10）	（1.13）	

由表 3.4 可以看出，基于卡恩和瓦茨模型，盈余水平与市场调整累积年度超额报酬率（R）、企业规模（Size）在 1% 水平上显著正相关；与年末权益市值 / 权益账面价值（M/B）在 5% 水平上显著负相关；与财务杠杆（Lev）在 5% 水平上显著正相关。表中的 D 为哑变量，当 $R>0$ 时，$D=0$；当 $R<0$ 时，$D=1$。

（4）描述性统计

表 3.5 是全样本的描述性统计，分别显示了样本变量的均值、最小值、1/4 分位数、中值、3/4 分位数、最大值和标准差。

表 3.5　全样本描述性统计

变量	均值	最小值	1/4 分位数	中位数	3/4 分位数	最大值	标准差
x	0.0235	−0.3056	0.0104	0.0241	0.0416	0.1559	0.0445
D	0.5262	0.0000	0.0000	1.0000	1.0000	1.0000	0.4993
R	0.0678	−0.8286	−0.1786	−0.0180	0.2138	2.2480	0.4097
G_Score	0.0017	−0.1052	−0.0069	−0.0017	0.0051	0.1667	0.0171
C_Score	0.0661	−1.0900	0.0082	0.0419	0.1127	0.5988	0.0862
Size	22.1900	20.1900	21.4800	22.0400	22.7400	26.1900	1.0140
M/B	3.9200	1.1280	2.0070	3.0110	4.8420	19.1000	2.7820
Lev	0.2711	0.0138	0.1226	0.2320	0.3908	0.8246	0.1818

由表 3.5 可以看出，我国沪深 A 股上市公司的盈余水平（X）、市场调整累积年度超额报酬率（R）、企业规模（Size）、年末权益市值 / 权益账面价值（M/B）、财务杠杆（Lev）存在明显差异，但 C_Score 的 1/4 分位数为正（0.0082），说明上市公司之间虽然存在差异，但会计稳健性是它们的共同选择，会计稳健性是

我国沪深 A 股上市公司中的普遍现象。卡恩和瓦茨（2009）在研究美国样本时，美国企业的 C_Score 均值是 0.105，而本章研究的 1994—2014 年我国沪深 A 股企业的 C_Score 均值为 0.0661，说明我国企业会计稳健性水平与美国相比较低。

3.2.2.2　沪深 A 股企业会计稳健性的时间序列特征

笔者构建了沪深 A 股企业会计稳健性的时间序列特征（1994—2014）的回归模型，回归模型是：$C\_Score=\alpha+\beta \times Year+\varepsilon$。

表 3.6　沪深 A 股企业会计稳健性的时间序列特征（1994—2014）

回归模型：$C\_Score=\alpha+\beta \times Year+\varepsilon$	
变量	C_Score
Year	−0.000907***
	（−8.53）
_cons	1.887***
	（8.84）

从表 3.6 的回归结果我们可以看到，Year 的系数显著为负，说明沪深 A 股企业的会计稳健性整体水平逐年降低，但降低的幅度较小。

3.2.3　进一步分析

本章分别从行业、省份和地区对会计稳健性进行了描述性统计。为进一步检验会计稳健性的分布在它们之间是否存在差异，笔者对行业、省份、地区进行了单因素方差分析的多重比较，并对不同产权企业的会计稳健性均值进行了方差比较，发现：①从行业看，建筑业、造纸、印刷、批发、零售贸易、房地产业的会计稳健性水平较高，各行业之间的会计稳健性水平存在明显差异；②从省份看，宁夏的会计稳健性水平最高，上海的会计稳健性水平最低，且各省份之间的会计稳健性水平差异显著；③从产权看，国有企业比非国有企业的会计稳健性水平偏低，但这种差异并不显著；④从地区看，西部和中部地区的会计稳健性水平显著偏高，而东部地区显著偏低。

3.3　沪深 A 股企业信息透明度的衡量

3.3.1　信息透明度度量

3.3.1.1　直接使用各权威机构发布的相关指数

1）国外主要利用以下指数：

①国际财务分析研究中心发布的 CIFAR 披露评级指数。其依据各国规定的需要在年报中强制披露的财务及非财务信息数量多寡作为评分依据（杨忠海，2010）。

②标准普尔（S&P）公司发布的"透明度和披露评价体系（T&D 评级）"。依据对上市公司年报中反映所有权结构与投资者权利、财务与信息披露程度、董事会与管理结构及过程的三大类信息作为评分依据（杨忠海，2010）。

③普华永道（PWC）的"不透明指数"。从腐败、法律、政府宏观与财经政策、会计准则与实务、政府管制这五个方面进行打分排名（卢茂鹏，2011）。

④美国投资管理和研究协会（AIMR）的 AIMR 指标。由各行业的主要

分析师组成行业专家组，以上市公司披露的年报信息、季报信息和其他自愿披露的信息、投资者关系的信息三类信息为依据，全面评价公司的信息披露行为（谢雅碟，2009；韦楚楚，2014）。

2）国内主要采用深圳证券交易所公布的上市公司信息披露来考核评出优秀、良好、合格、不合格四个等级。这个方法在我国有着广泛的运用，如曾颖和陆正飞（2006）、高雷和宋顺林（2007）、王克敏等（2009）、谭劲松等（2010）均使用此指数进行了实证研究。

这种直接利用权威机构发布的相关指数来衡量信息透明度的方式简单、简便，成本低廉，具有广泛可获得性，但是在中国现阶段由于只有深圳证券交易所四个等级的考核指标，仅可以广泛应用于深圳证券交易所上市的上市公司，而对于其他上市公司则无法应用，故仅利用这一方法并不能很好地度量沪深 A 股上市公司的信息透明度。

3.3.1.2　采用某一方面的替代指标

1）采用自愿性披露的数量。如周和格雷（Chau & Gray，2002）构建的自愿性披露指数（VDI）及汪炜和蒋高峰（2004）运用上市公司披露的临时报告数量作为信息披露透明度的替代。

2）采用会计盈余质量指标。如盈余激进度（赵萌，2012）或者分别以盈余激进度和盈余平滑度（周中胜，陈汉文，2008）等替代会计信息透明度。

3）采用其他方面的替代指标。如以年报披露时间的变更（张潇，2007）及年报披露时间的提前与推迟（王雄元，等，2008）等及时性指标来反映会计信息透明度。

采用替代指标也具有简便和低成本的特征，然而仅仅利用某一个替代指标不免会造成一定的偏差，难以全面科学地反映上市公司信息透明度。

3.3.1.3 研究者自行建立多角度的指标体系

布什曼和史密斯（Bushman & Smith，2003）从企业财务报告数量、质量、真实性、及时性和可信性等多个方面建立起企业信息透明度指数评价体系；巴塔查里亚等（2003）利用收益激进度、收益平滑度、损失规避度、总收益不透明度等联合指标替代信息披露程度来判定公司会计信息透明度的高低。

利用多角度建立的指标能够较为全面且有针对性地依据研究对象特征进行设计，具有灵活性、全面性及综合性特征，本章依据巴塔查里亚等（2003）的信息不透明度，作为沪深 A 股企业信息透明度的测量（吴良海等，2016）。

3.3.2 沪深 A 股企业信息透明度状况

3.3.2.1 研究设计

（1）模型选择

巴塔查里亚等（2003）率先采用收益激进度、损失规避度和收益平滑度及其加总来衡量信息不透明度。已有研究明确指出，损失规避度适用于以国家为分析对象的跨国研究，与巴塔查里亚等（2003）的跨国研究对象不同，本章研究对象为一国不同地区的上市公司个体，鉴于此，本章确定以收益激进度、收益平滑度及总收益不透明度指标测量上市公司信息透明度。

1）收益激进度（EA）。根据巴塔查里亚等（2003）的定义，其计算公式为

$$\mathrm{ACC}_{i,t} = \mathrm{VCA}_{i,t} - \mathrm{VCL}_{i,t} - \mathrm{VCash}_{i,t} + \mathrm{VSTD}_{i,t} - \mathrm{VDEP}_{i,t} + \mathrm{VTP}_{i,t} \qquad （3.19）$$

$$\mathrm{EA}_{i,t} = \frac{\mathrm{ACC}_{i,t}}{\mathrm{TA}_{i,t-1}} \qquad （3.20）$$

式中　　　$\mathrm{EA}_{i,t}$——企业 i 第 t 期的收益激进度；

　　　　$\mathrm{ACC}_{i,t}$——企业 i 第 t 期的应计项目；

　　　　$\Delta\mathrm{CA}_{i,t}$——企业 i 第 t 期的流动资产增加额；

　　　　$\Delta\mathrm{CL}_{i,t}$——企业 i 第 t 期的流动负债增加额；

　　　　$\Delta\mathrm{Cash}_{i,t}$——企业 i 第 t 期的货币资金增加额；

　　　　$\Delta\mathrm{STD}_{i,t}$——企业 i 第 t 期内到期的长期负债增加额；

　　　　$\Delta\mathrm{DEP}_{i,t}$——企业 i 第 t 期的折旧和摊销费用；

　　　　$\Delta\mathrm{TP}_{i,t}$——企业 i 第 t 期的应交税费增加额；

　　　　$\mathrm{TA}_{i,t-1}$——企业 i 第 t 期期初的总资产。

参照以往研究（王克敏等，2009），本章将企业收益激进度定义为样本观测当年、前一年及前两年连续三年的平均收益激进度。

2）收益平滑度（ES）。根据巴塔查里亚等（2003）的定义，如果公司应计项目与相应年份现金流变化的方向不一致，且变化程度很大，则公司收益透明度下降，其计算公式为

$$\mathrm{ES}_{i,t} = -\mathrm{Correl}(\mathrm{VACC}_{i,t}, \mathrm{VCF}_{i,t}) \qquad （3.21）$$

式中　　　$\mathrm{ES}_{i,t}$——企业 i 第 t 期的收益平滑度；

　　　Correl( )——相关系数；

　　　$\Delta\mathrm{ACC}_{i,t}$——企业 i 第 t 期的应计项目增加额；

　　　$\Delta\mathrm{CF}_{i,t}$——企业 i 第 t 期的现金流量增加额。

本章将企业收益平滑度定义为样本观测当年、前一年及前两年连续三年的平均收益平滑度。

3）信息透明度（OEO）。参考同类研究（黄娟娟，肖珉，2006），本章使用总收益不透明度来衡量企业信息透明度，计算公式如下：

$$OEO_i = \frac{Deciles(EA_i) + Deciles(ES_i)}{2} \qquad (3.22)$$

式中　　OEO$_i$——企业 i 的信息透明度；

　　　Deciles( )——计算括号内指标十分位数后再进行分组排名。以 EA 计算为

　　　　　　例，赋值规则如下：EA≤EA_p10，则 Deciles(EA)=1，

　　　　　　EA_p10<EA_p20，则 Deciles(EA)=2，以此类推。

其中　　EA_p10——盈余激进度 EA 的第一个十分位数；

　　　EA_p20——盈余激进度 EA 的第二个十分位数；

　　　EA$_i$——企业 i 的收益激进度；

　　　ES$_i$——企业 i 的收益平滑度。

（2）数据来源与样本选择

考虑到信息透明度计算需要连续三期数据，本章最终得到的研究样本跨期为 2001—2014 年度。为计算信息透明度，笔者从 CSMAR 数据库收集 1999—2014 年度沪深 A 股所有上市公司的经营活动现金净流量及计算应计项目的各项原始数据；资产负债率等财务指标来源于北京聚源锐思金融研究数据库（RESSET/DB）；最终控制人数据取自色诺芬（CCER）上市公司治理结构数据库。剔除了 ST、PT 和退市企业数据，再剔除金融保险业、数据缺失值后最终得到 11026 个研究样本。为控制离群值对估计结果的影响，对回归模型连续

型解释变量在 1% 和 99% 分位数处进行了缩尾（Winsorize）处理。基于 Excel 2010 和 Stata13/MP 进行数据处理与统计分析。

3.3.2.2　描述性统计

1）表 3.7 依据企业收益激进度（EA）及企业收益平滑度（ES）的总评分计算出企业信息透明度（OEO）。同时基于公司产权性质，划分为中央国有、地方国有及非国有，可以发现：不同产权性质下，企业信息透明度高低存在显著差异，其中，由均值可以看出，非国有企业信息透明度显著高于国有企业，而中央国有企业信息透明度相比于地方国有企业更低。

表 3.7　沪深 A 股企业信息透明度的描述性统计

产权	变量	样本量	最小值	均值	1/4 分位数	中位数	3/4 分位数	标准差	最大值
非国有	Score_EA	5076	1.000	5.372	3.000	5.000	8.000	2.759	10
	Score_ES	5076	1.000	5.096	1.000	5.000	8.000	3.080	10
	OEO	5076	1.000	5.234	3.500	5.000	7.000	2.089	10
地方国有	Score_EA	4066	1.000	5.849	4.000	6.000	8.000	2.697	10
	Score_ES	4066	1.000	5.745	4.000	6.000	8.000	2.920	10
	OEO	4066	1.000	5.797	4.500	6.000	7.500	2.081	10
中央国有	Score_EA	1884	1.000	6.079	4.000	6.000	8.000	2.714	10
	Score_ES	1884	1.000	5.706	4.000	6.000	8.000	2.929	10
	OEO	1884	1.000	5.892	4.500	6.000	7.500	2.111	10
合计	Score_EA	11026	1.000	5.669	3.000	6.000	8.000	2.743	10
	Score_ES	11026	1.000	5.440	3.000	6.000	8.000	3.013	10
	OEO	11026	1.000	5.554	4.000	5.500	7.000	2.111	10

2）由表 3.8 的描述性统计可以看出，沪深 A 股上市公司信息透明度均值各年度存在差异。这表明信息透明度是个动态变化的量，每个企业各年度信息透明度不同。

表 3.8　沪深 A 股企业信息透明度分年度的描述性统计

年份	样本量	最小值	均值	1/4分位数	中位数	3/4分位数	标准差	最大值
2001	5	2.000	3.300	2.500	3.500	3.500	1.151	5.000
2002	39	1.000	3.436	2.000	3.000	4.500	1.643	8.500
2003	57	1.000	4.939	3.500	5.000	6.500	2.212	10.000
2004	522	1.000	3.607	2.500	3.500	4.500	1.623	10.000
2005	564	1.000	5.876	4.500	6.000	7.500	2.013	10.000
2006	579	1.000	6.076	4.500	6.500	7.500	2.004	10.000
2007	612	1.000	5.958	4.500	6.000	7.500	1.990	10.000
2008	641	1.000	5.795	4.500	6.000	7.000	1.983	10.000
2009	709	1.000	5.601	4.000	5.500	7.000	2.063	10.000
2010	1065	1.000	4.897	3.000	5.000	6.500	2.294	10.000
2011	1130	1.000	5.800	4.500	6.000	7.000	1.970	10.000
2012	1322	1.000	5.688	4.000	5.500	7.500	2.074	10.000
2013	1722	1.000	5.556	4.000	5.500	7.000	2.108	10.000
2014	2059	1.000	5.782	4.500	6.000	7.000	2.008	10.000
合计	11026	1.000	5.554	4.000	5.500	7.000	2.111	10.000

3）为了考察不同地区信息透明度的差异状况，本章将全国分为东中西部三个地区。结果显示，全国范围内不同区域企业信息透明度存在差异，但并不存在明显差异，见表 3.9。

表 3.9　沪深 A 股企业信息透明度分地区的描述性统计

地区	样本量	最小值	均值	1/4 分位数	中位数	3/4 分位数	标准差	最大值
东部地区	7281	1.000	5.551	4..000	5.500	7.000	2.118	10.000
中部地区	2148	1.000	5.534	4.000	5.500	7.000	2.127	10.000
西部地区	1597	1.000	5.595	4.000	5.500	7.000	2.058	10.000
合计	11026	1.000	5.554	4.000	5.500	7.000	2.111	10.000

4）为了考察不同行业信息透明度的差异状况，根据表 3.10，可以得到 21 个行业的描述统计值，可以发现不同行业的企业信息透明度存在差异。

表 3.10　沪深 A 股企业信息透明度分行业 ❶ 的描述性统计

行业	样本量	最小值	均值	1/4 分位数	中位数	3/4 分位数	标准差	最大值
A	192	1.000	5.596	3.500	5.500	7.500	2.227	10.000
B	342	1.000	5.558	4.000	5.500	7.000	2.209	10.000
C0	468	1.000	5.686	4.500	5.500	7.000	2.084	10.000
C1	276	1.000	5.707	4.000	5.500	7.500	2.117	10.000
C2	58	1.500	5.819	4.500	5.500	7.000	2.121	10.000
C3	168	1.000	5.679	4.500	5.500	7.500	2.027	10.000

❶ 各行业代码、具体行业名称如下，A：农、林、牧、渔业；B：采掘业；C：制造业，其中 C0：食品、饮料；C1：纺织、服装、皮毛；C2：木材、家具；C3：造纸、印刷；C4：石油、化学、塑胶、塑料；C5：电子；C6：金属、非金属；C7：机械、设备、仪表；C8：医药、生物制造；C9：其他制造业；D：电力、燃气及水的生产和供应业；E：建筑业；F：交通运输、仓储业；G：信息技术业；H：批发、零售贸易；J：房地产业；K：社会服务业；L：传播与文化产业；M：综合类。

行业	样本量	最小值	均值	1/4分位数	中位数	3/4分位数	标准差	最大值
C4	1118	1.000	5.608	4.000	5.500	7.000	2.056	10.000
C5	507	1.000	5.593	4.000	5.500	7.000	2.176	10.000
C6	872	1.000	5.487	4.000	5.500	7.000	2.122	10.000
C7	1829	1.000	5.546	4.000	5.500	7.000	2.057	10.000
C8	655	1.000	5.663	4.500	5.500	7.000	1.995	10.000
C9	60	1.000	5.700	4.750	5.500	7.000	2.051	9.500
D	539	1.000	6.052	4.500	6.500	7.500	2.181	10.000
E	294	1.000	5.624	4.000	5.500	7.500	2.115	10.000
F	446	1.000	6.104	4.500	6.000	8.000	2.156	10.000
G	670	1.000	5.664	4.500	5.500	7.000	2.077	10.000
H	1027	1.000	5.624	4.000	5.500	7.000	2.020	10.000
J	813	1.000	4.564	3.000	4.500	6.000	2.039	10.000
K	362	1.000	5.301	4.000	5.000	7.000	2.111	10.000
L	156	1.000	5.420	4.000	5.500	7.250	2.271	10.000
M	174	1.000	5.563	4.000	5.500	7.000	2.074	10.000
合计	11026	1.000	5.554	4.000	5.500	7.000	2.111	10.000

3.3.2.3　沪深 A 股企业的信息透明度时间序列特征

笔者构建了沪深 A 股企业信息透明度的时间序列特征（2001—2014）的回归模型，回归模型是 $OEO=\alpha+\beta \times Year+\varepsilon$。

表 3.11　沪深 A 股企业信息透明度的时间序列特征（2001—2014）

回归模型：OEO=α+β×Year+ε	
变量	OEO
Year	0.059***
	（9.23）
_cons	−112.172***
	（−8.79）

由表 3.11 的结果可以看出 Year 的系数显著为正，说明沪深 A 股企业的信息透明度整体水平随着时间的推移逐步提高。

3.4　小结

综上所述：①从产权性质来看，非国有企业信息透明度高于地方国有企业及中央国有企业，地方国有企业信息透明度高于中央国有企业信息透明度；②从年份来看，上市公司信息透明度均值显示上市公司信息透明度处于动态变化状态；③从地区来看，中部地区国有企业的信息透明度水平最高；中部地区企业信息透明度相比于东部地区及西部地区高，但总体而言各地区上市公司信息透明度并不存在显著差异；④从行业来看，不同行业的企业信息透明度存在差异。

学术界关于会计信息质量的认识尚未完全达成共识，本章从盈余管理、会计稳健性与信息透明度三个维度梳理了国内外流行的度量模型，这些模型从更广阔的视野解读了会计信息质量的丰富内涵。本章采用夏立军（2003）提出的线上应计截面琼斯模型，收集 1999—2014 年沪深 A 股上市公司的年度数据作为研究样本，对我国企业的应计盈余管理与真实盈余管理进行了描述性统计，应计盈余管理组最小值为 –37.8500，中位数为 0.0381，最大值为 17.5300；真实盈余管理组最小值为 –17.7400，中位数为 –0.0144，最大值为 50.5900。

本章采用卡恩和瓦茨（2009）模型，收集 1994—2014 年沪深 A 股上市公司正常交易的数据作为研究样本，计算了样本公司各年的会计稳健性指数。描述性统计表明，1994—2014 年我国沪深 A 股企业的会计稳健性均值为 0.0661，相比于卡恩和瓦茨（2009）模型，美国企业的均值是 0.105。

本章采用巴塔查里亚等（2003）模型，收集 1999—2014 年沪深 A 股所有上市公司数据作为研究样本，计算了样本公司各年的信息透明度指标，并进行了全样本与分产权、地区和行业的分组描述性统计，全样本信息透明度指标均值为 5.554，中位数为 5.500，最小值为 1.000，最大值为 10.000，标准差为 2.111。信息透明度时间序列特征分析表明，我国企业信息透明度整体水平随着时间的推移逐步提高。

参考文献

高雷，宋顺林，2007. 公司治理与公司透明度 [J]. 金融研究（11）：28-44.

黄娟娟，肖珉，2006. 信息披露、收益不透明度与权益资本成本 [J]. 中国会计评论（1）：69-84.

卢茂鹏，2011. 会计信息透明度衡量方法述评 [J]. 经济视角（11）：56-57.

谭劲松，宋顺林，吴立扬，2010. 公司透明度的决定因素——基于代理理论和信号理论的经验研究 [J]. 会计研究（4）：28-35，97.

汪炜，蒋高峰，2004.信息披露、透明度与资本成本 [J].经济研究（7）：107-114.

王克敏，姬美光，李薇，2009.公司信息透明度与大股东资金占用研究 [J].南开管理评论，12（4）：83-91.

王雄元，陈文娜，顾俊，2008.年报及时性的信号效应——基于 2004—2006 A 股上市公司年报的实证检验 [J].会计研究（12）：47-55.

韦楚楚，2014.上市公司会计信息透明度经济后果研究 [D].北京：财政部财政科学研究所.

吴良海，徐德信，章铁生，2016.制度环境、信息透明度与企业投资效率研究——来自中国 A 股市场的经验证据 [J].证券市场导报（10）：20-28.

夏立军，2003.盈余管理计量模型在中国股票市场的应用研究 [J].中国会计与财务研究，5（2）：95-154.

谢雅碟，2009.我国上市公司会计信息透明度的度量及其影响因素研究 [D].厦门：厦门大学.

杨忠海，2010.财务报告透明度计量方法述评 [J].会计之友（9）：32-35.

张潇，2007.上市公司治理结构对会计透明度影响的实证研究 [D].长春：吉林大学.

赵萌，2012.会计信息透明度对股价信息含量的影响研究 [D].合肥：合肥工业大学.

曾颖，陆正飞，2006.信息披露质量与股权融资成本 [J].经济研究（2）：69-79.

周中胜，陈汉文，2008.会计信息透明度与资源配置效率 [J].会计研究（12）：56-62.

BALL R，SHIVAKUMAR L，2005. Earning Quality in U.K. Private Firms：Comparative Loss Recognition Timeliness [J]. Journal of accounting and economics，39（1）：83-128.

BASU S，1997. The Conservatism Principle and the Asymmetric Timeliness of Earnings [J]. Journal of Accounting and Economics，24（1）：3-37.

BEAVER W H，RYAN S G，1999. Biases and Lags in Book Value and Their Effects on the Ability of the Book-to-Market Ratio to Predict Book Return on Equity [J]. Journal of Accounting Research，38（1）：127-148.

BEAVER W H，RYAN S G，2005. Conditional and Unconditional Conservatism：Concepts and Modeling [J]. Review of Accounting Studies，10（2-3）：269-310.

BHATTACHARYA U, DAOUK H, WELKER M, 2003. The World Price of Earnings Opacity [J]. Social Science Electronic Publishing, 78（3）: 641-678.

BURGSTAHLER D, DICHEV I, 1997. Incentives to Manage Earnings to Avoid Earnings Decreases and Losses [J]. Journal of Accounting and Economics, 24（1）: 99-126.

BUSHMAN R M, SMITH A J, 2003. Transparency, Financial Accounting Information, and Corporate Governance[J]. Economic Policy Review, 32（1-3）: 237-333.

CHAU G K, GRAY S J, 2002. Ownership Structure and Corporate Voluntary Disclosure in Hong Kong and Singapore [J]. International Journal of Accounting, 37（2）: 247-265.

DEANGELO L, 1986. Accounting Numbers as Market Valuation Substitutes : A Study of Management Buyouts of Public Stockholders [J]. The Accounting Review, 6（3）: 400-420.

DECHOW P, SLOAN R, SWEENEY A, 1995. Detecting Earnings Management [J]. The Accounting Review, 70（2）: 193- 225.

GIVOLY D, HAYN C, 2000. The Changing Time-Series Properties of Earnings, Cash Flows and Accruals : Has Financial Reporting Become More Conservative? [J]. Journal of Accounting and Economics, 29（3）: 287-320.

HEALY P, 1985. The Effect of Bonus Schemes on Accounting Decisions [J]. Journal of Accounting and Economics, 12（7）: 8-34.

IATRIDIS G E, 2011. Accounting Disclosures, Accounting Quality and Conditional and Unconditional Conservatism [J]. International Review of Financial Analysis, 20（2）: 88-102.

KHAN M, WATTS R L, 2009. Estimation and Empirical Properties of a Firm-year Measure of Accounting Conservatism [J]. Journal of Accounting and Economics, 48（2-3）: 132-150.

ROYCHOWDHURY S, WATTS R L, 2007. Asymmetric Timeliness of Earnings, Market-to-Book and Conservatism in Financial Reporting [J]. Social Science Electronic Publishing, 44（1-2）: 2-31.

第 4 章　制度环境、信息透明度
与企业投资效率

　　会计信息的投资效率功能受到怎样的制度环境约束？本章试图利用中国 A 股市场进行经验分析，选取我国 2003—2014 年沪深 A 股市场多个公司的 5298 个年度数据作为样本，对制度环境、信息透明度与企业投资效率的关系进行研究。

4.1　引言

　　会计信息由于具有治理和定价功能，被认为是缓解信息不对称和代理冲突的主要机制之一。相关研究业已表明，会计信息通过项目选择、治理作用和逆向选择三种渠道来降低契约方之间的信息不对称和代理问题，从而实现资本的有效配置。然而，人们普遍怀疑新兴发展中国家的会计信息质量，认为较低水平的会计信息影响了企业投资效率，并且给出了很多证据。这一点无须争辩。为了适应新一轮全面深化改革的现实要求，推进资本市场深入健康发展，我们不仅需要理性研究我国资本市场信息透明度到底多高，是否上升，它对投资效率具有什么影响，更加重要的是要进一步实证分析信息透明度的主要约束因素。信息透明度的影响因素复杂多样，其中制度环境及其差异尤为重要。在制度环境及其差异这种宏观变量影响企业投资效率这类微观行为的过程中，会计信息状况发挥怎样的作用，受到怎样的限制？会计信息的投资效率功能受到怎样的制度环境约束？本章试图利用中国 A 股市场进行经验分析。

本章以基准 Q 与投资率的分行业回归残差绝对值衡量企业投资效率，采用巴塔查里亚等（2003）提出的收益不透明度作为企业信息透明度的代理变量，基于樊纲等（2010）的市场化指数刻画中国上市公司所面临的制度环境，实证分析了制度环境、信息透明度与企业投资效率的关系。

4.2　文献综述

关于企业投资效率，学术界主要是研究非效率投资行为的成因及其与公司业绩的关系（Hsieh & Klenow，2007；Jensen，1986；Hart，1995；Stulz，1990），其中，基于控制权私有收益、自由现金流、股权集中度、股权制衡度和资本结构等视角的企业投资效率研究文献颇为丰富，而关于信息透明度经济后果的研究集中在信息透明度对企业资本成本和信息环境影响两个方面。实证研究发现，企业信息透明度与资本成本之间存在着负相关关系（Botosan，

Plumlee，2002；Botosan，1997；Healy et al.，1999），信息透明度对信息环境的影响主要体现在对分析师行为的影响方面（Bhushan，1989；Lang，1989）。随着研究的深入，信息透明度经济后果的研究逐渐拓展到投资效率维度，特别是近年来，以财务（会计）信息质量为切入点的信息透明度对企业投资效率影响的研究正在兴起。

王（Wang，2003）运用伍格勒（Wurgler）模型和理查森模型度量企业投资效率，检验行业和企业投资效率与会计信息质量的关系，结果发现二者显著正相关。比德尔（Biddle et al.，2009）将企业总投资与销售增长率进行回归，然后依据残差的四分位数将非效率投资区分为投资过度与投资不足两类，运用应计盈余管理（DD）模型证明了投资过度（投资不足）企业的财务报告质量与企业资本投资负（正）相关，他们的研究表明，提高财务报告质量能够缓解企业投资过度与投资不足。布什曼等（2011）基于 25 个国家公司层面投资决策数据，证实当企业面临投资机会下降时，损失确认及时性（TLR）增加了企业投资反应的程度，但是他们未能发现投资机会上升时 TLR 影响投资敏感性的证据。其他学者则从受证监会调查、财务报表重述及条件稳健性（Lara et al.，2010；Mchichols，Stubben，2008）等不同角度来表征财务信息质量，他们的分析普遍支持财务会计信息质量与企业投资效率的正相关关系。国内学者借鉴国外同行的研究也得到了相似的结论，如李青原等（2010）发现会计信息质量与企业非效率投资（投资不足和投资过度）负相关，任春艳和赵景文（2011）证实提高会计信息质量可以减轻信息不对称从而提高公司资本配置效率，姜英兵（2013）发现 2007 年会计制度改革后会计稳健性能够改善企业的非效率投资行为，等等。

综上，国内外研究表明，高质量的财务信息可以通过缓解逆向选择、降低道德风险以及有效发挥资本市场功能等内在机制提高企业投资效率（Botosan，Plumlee，2002；Biddle，Hilagy，2011；Bushman，Smith，2001；Verdi，2006；饶茜等，2012；袁建国等，2009），但这类研究没有直接考虑制度约束的影响。可喜的是，国内有学者开始引入制度约束因素。姚曦和杨兴全（2012）研究了市场化进程、财务报告质量与企业投资效率的关系，尝试将市场化进程作为制度环境引入财务报告质量与企业投资效率两者关系的分析中，这是对现有研究的有力推进，但是企业投资效率的衡量问题，特别是对于市场化进程采用分组而非交乘项的方法，忽略了市场化指数的时序性变化，因而未能深究制度环境的异质性是否以及如何影响信息透明度从而作用于企业投资效率。程新生等（2012）从制度约束的视角考察了非财务信息能否影响投资效率以及这种影响的内在机制，从而将财务信息影响企业投资效率的研究拓展至非财务信息层面，但是，非财务信息的不确定性及较差的可鉴证性使其难以成为信息透明度的替代变量。因此，这些研究在以下两方面需要进一步推进。

第一，基于市场化差别基础上的制度分析。依据新制度经济学，在促进经济和政治发展的众多条件中，制度安排和财产权可以提高资源的生产性用途并使社会浪费最小化（Weingast，1997；Levi，1990；North，1981，1990；North，Weingast，1989）。在中国引入市场机制的改革过程中，各地区之间市场发展极不平衡；不同的市场化进程地区，企业信息透明度受制度环境（市场化程度、金融发展与法制水平等）的约束呈现明显差别，基于市场化差别基础上的制度分析才能深入揭示信息透明度作用于企业投资效率的内在机理，因此应当将制度环境作为解释变量直接纳入计量模型。

第二，实证分析的模型设计与变量测度。在模型设计方面，现有文献比较充分地研究了股权激励、法律诉讼、公司违规以及机构投资者持股对企业信息透明度的影响（Diamond，Verrechia，1991；Niller，Piotroski，2000；Noe，1999；Skinner，1994，1997），而在信息透明度作用企业投资效率的机理研究中，将企业信息透明度作为外生变量对待，因而现有实证分析的模型设计忽略了信息透明度的内生性。在变量测度方面，企业信息透明度或信息披露水平的衡量方法主要有组织评级、自建指数和选择特殊披露等三种（Miller，Piotroski，2000；Lundholm，Myers，2002；蔡春，谭洪涛，2008；崔学刚，2004）。由于这些测度方法存在以披露数量代替披露质量、以局部披露代替整体披露和较强的主观性及测度噪声等缺陷，所以它们难以承担起对复杂的企业信息透明度的衡量。企业投资效率研究中一般采用理查森（2006）的预期投资模型的残差测度企业投资效率，这种测度方法存在的主要问题是：①理查森模型采用 Tobin Q 的逆变量衡量投资机会，在中国存在更为严重的衡量偏误；②依赖该模型估计得到的预测值并不是企业的最优投资水平，因此这种测度方法存在测量误差（李青原，2010；罗付岩，2013；杨华军，2007；袁知柱等，2012；张功富，宋献中，2009）。

因此，通过革新模型设计与变量测度，合理构建制度环境、信息透明度与企业投资效率分析模型，研究制度约束下的信息透明度对企业投资效率的作用机理，有助于揭示资本市场信息透明度的资源配置功能与制度约束效应，有助于企业提高投资决策行为效率，有助于监管部门总结和完善信息披露治理与管理实践，抑制上市公司投资决策活动中的非效率行为。

4.3　理论分析与研究假设

制度是决定人们相互关系的系列约束，包括正式制度、非正式制度和实施机制（North，1990），按其层次高低可区分为嵌入制度或社会和文化基础、基本的制度环境、治理机制和短期资源分配制度四个层次（Williamson，2002）。毫无疑问，制度对于社会历史发展具有深远影响，比较而言，直接影响经济绩效或增长的则是制度环境和实施机制。进而言之，影响经济绩效的不仅是一国（或地区）的制度数量，更取决于制度质量。所谓制度质量是指制度的好坏程度、制度效率的高低。有利于经济发展及人的全面发展且相对公平的制度就是好制度；反之，就是坏制度（卢现祥，2012）。从性质来看，制度可分为有利于经济发展的制度和掠夺型制度。前者可以确保社会各阶层获得有效的财产权利，因而是一种好制度；后者则导致社会非生产性再分配、财富分配不公及非和谐式增长，因此是一种坏制度（罗小苏，卢现祥，2011）。掠夺型制度对社会经济发展的影响主要表现在：①掠夺型制度下人们把精力用在非生产性活动而不是生产性活动上，从而造成巨大的效率损失。②掠夺型制度将有才能的人及社会精英配置、吸引至寻租职业而不是生产性职业，从而降低创新能力和阻碍技术进步（Baumol，1990，1993；Hall et al.，2010；卢现祥，李小平，2008）。

识别一个国家是否是掠夺型制度，可以从总体与微观两个层面进行。从总体上识别一个国家是否是掠夺型制度，一般可以依据经济自由度指数、腐败指数及企业经营环境指数等指标进行判定。从微观层面看，在不同制度下，企业家的知识积累、信息收集及选择均不一样。理论与经验证据表明，企业家从事生产性的市场活动与非生产性的政治和法律活动的相对报酬由制度结构决定；一个好的制度结构具有鼓励生产性的企业家活动、促进经济增长的内在功能（卢现祥，2012；罗小芳，卢现祥，2011；Hall et al.，2010；卢现祥，李小平，2008）。进一步研究发现，外部环境对企业家信心有着显著的影响，具体表现为政府支持力度越大，银行获取信贷越容易，司法公正程度越高，基础设施满意度越高，企业家信心越高。根据国内外研究，企业家信心会对企业投融资决策产生显著影响（黄娟娟，肖珉，2006），这种影响有利于提高企业投融资决策的科学性，主动增加有效的项目投资，扩大债务融资规模，优化企业资本结构，从而带来企业投资效率的改善。

我国正处于经济转型时期，制度环境对企业行为的影响更加显著，这体现在以下方面：第一，企业所面临的市场化程度越高，财务会计信息的信号传递功能越强。制度环境（包括市场化程度、金融发展与法制水平等）越完善，会计信息披露缓解投资者与经营者之间信息不对称的功能越强，在竞争机制的作用下，投资者决策对企业会计信息披露的依赖程度越高，这意味着，会计信息的定价功能更能有效地发挥，企业资源配置得以优化，从而带来企业投资效率的提高。第二，完善制度环境，可以提高公司内部治理效率。信息披露作为公司治理的重要因素之一，增强了财务报告这种内部治理手段的监控效应（饶茜等，2012），这意味着会计信息的治理功能可以更有效地发挥，企业的道德风险与逆向选择行为等代理冲突得以缓解，交易成本与短期行为得到有效控制，从而带来企业投资效率的提升。第三，金融市场化与中介服务机构的发育使得企业投融资更加便利，技术、资本和信息的流动更加顺畅，更低的信息披露与交易成本促进了企业信息透明度的提升，缓解了资本所有者与使用者之间的信息不对称，企业投资的吸引力增强，从而带来企业投资效率的提升。第四，投资者法律保护则可以通过公司治理模式、契约、诉讼和限制大股东控制权私利等四个渠道影响会计透明度（樊纲等，2010），进而对企业投资效率产生影响。

然而，我国微观层面交易更多依赖关系契约。关系经济的一大特点是信息的隐蔽性。交易双方所依赖的关系是一种专业性资产。为了保护这种专用性资产的稳定和长久，交易双方都会尽量隐藏彼此之间的关系信息，以免被竞争者所利用，因此企业信息透明度较低。关系为本的制度结构下，企业交易信息透明度较低，交易的固定成本低廉，但边际成本昂贵 ❶，企业投资效率较低；发达国家交易方式的基础是契约经济，在契约为本的制度结构下，企业交易信息透明度较高，法律基础设施建立可能需要很高的固定成本，然而单个合约实施的边际成本却很低，因此企业投资效率较高。

如何考察和衡量关系型交易制度背景下信息透明度对公司投资效率的影响？问题的困难在于：资本市场能否基于信息的异质性甄别不同企业投资的盈利性及其风险的匹配状况，进而，转型环境下资本市场自身发展和发育状况对于信息异质性的影响如何得到熨平。本章直接采用樊纲等（2010）的研究成果，解决后一方面困难即制度环境影响资本市场信息差异性问题；樊纲等（2010）建立的中国市场化指数，以客观的统计指标和调查指标作为计算的基础，避免使用主观评价来度量市场化程度。作为一个具有重要学术意义的"制度变量"，它为我们研究制度约束下信息透明度对企业投资效率的影响

---

❶ 交易固定成本指为了维持社会经济关系所需要的各种"基础投资"，如法官、律师、会计、审计及各种中介机构等；交易边际成本指增加一笔生意的额外成本。

机理提供了方便。

关于资本市场能否基于信息的异质性甄别不同企业投资的盈利性及其风险的匹配状况问题，本章借鉴"收益不透明度"方法进行实证分析。所谓"收益不透明度"（Earnings Opacity）是巴塔查里亚等（2003）首次提出，他们把收益不透明度定义为：公司报告的收益分布，无法提供正确且可观测的公司经济收益的程度。运用这一方法的好处就是避开了正面测量信息透明度问题。按照这一界定，收益不透明度越低，表明企业会计信息披露的质量越高，既然高质量会计信息能通过改善契约和监督，降低道德风险和逆向选择来提高公司投资效率（杨华军，2007），我们可以合理推论，在其他条件相同的情况下，收益不透明度较高的企业投资效率一般较差，这意味着信息透明度与企业投资效率正相关。然而，中国资本市场尚处在发展的初级阶段，伴随着证券业的持续改革，企业面对的是复杂多变的环境，通过盈余管理向资本市场传递"高效率""稳增长"的利好消息，可能是企业规避风险、改善投资效率的一种组织"自适应"机制。这一机制可以从契约理论得到解释。依据契约理论，当合同具有刚性和不完备时，管理人员可以利用盈余管理对未预期的状况做出灵活反应；其次，公认会计原则所允许的灵活性，使得盈余管理可以作为一种向投资者传递内部信息的机制。❶简言之，企业面对风险时，好的盈余管理具有增强经济活力、吸引资本投资从而改善企业投资效率的积极作用，从而依照巴塔查里亚等（2003）定义的信息不透明度越高，企业投资效率越高，换言之，信息透明度与企业投资效率负相关。

---

❶ 当然，毋庸讳言，现阶段我国资本市场"洗大澡"、利润最小化、利润最大化和利润平滑等盈余管理行为广泛存在，市场并不能辨认与惩罚这些行为，导致坏的盈余管理被鼓励，也是不争的事实。

综上所述，本章提出如下 3 个研究假设。

假设 1：其他条件相同，信息透明度与企业投资效率正相关。

假设 2：其他条件相同，信息透明度与企业投资效率负相关。（假设 1 的竞争性假设）

假设 3：其他条件相同，制度环境能够对信息透明度与企业投资效率之间的关系发挥调节作用。

4.4 研究设计

4.4.1 关键变量测度

4.4.1.1 企业投资效率的测度

国内现有研究一般基于预期投资模型（Richardson，2006；杨华军，2007）的残差测度上市公司投资效率，然而这一估计得到的预期投资一般会偏离最优投资，这种偏离显然会影响非效率投资度量结果的准确性。本章借鉴张功富和宋献中（2009）的做法，首先构建广义矩（GMM）估计量对 VAR 模型进行估计得到基准（边际）Q（Callen & Segol，2010；Gilchrist & Himmeberg，1995；连玉君，程建，2007），然后将资本性投资率 Invest 与基准 Q 分行业回归的残差绝对值作为企业投资效率的测度。回归模型如下：

$$\text{Invest}_{i,t+1} = \alpha + \beta Q_{i,t} + \varepsilon_{i,t+1} \tag{4.1}$$

式中，基准 Q 定义为单位资本所创造的边际利润折现值，这一指标能较精确地衡量资本投资所面临的机会，计算公式如下：

$$E[Q_{i,t} \mid \Omega_{i,t}] = \sum_{s=0}^{\infty} \lambda^s E[\pi_{i,t+s} \mid \Omega_{i,t}] \qquad (4.2)$$

式中　$E[Q_{i,t} \mid \Omega_{i,t}]$——企业 i 第 t 期的基准 Q（期初边际价值）；

λ——折现因子；

$\pi_{i,t+s}$——企业 i 第 $t+s$ 期的边际利润；

$\Omega_{i,t}$——企业 i 第 t 期的信息集。

本章定义 $\pi_{i,t}=\boldsymbol{b}'\boldsymbol{x}_{i,t}$，其中常数向量 $\boldsymbol{b}' = (1,0)$，向量 $\boldsymbol{x}_{i,t}$ 由 OI_t（营业利润与所有者权益的比率）和 S_t（营业收入与所有者权益的比率）构成，具体预测方程如下：

$$OI_t = \alpha_1 + \alpha_2 OI_{t-1} + \alpha_3 S_{t-1} + \xi_{1t} \qquad (4.3)$$

$$S_t = \beta_1 + \beta_2 OI_{t-1} + \beta_3 S_{t-1} + \xi_{2t} \qquad (4.4)$$

式中，回归预测变量 OI_t、S_t 及滞后项 OI_{t-1}、S_{t-1} 的计算均已扣除所属行业均值。

假设 $\boldsymbol{x}_{i,t}$ 为一阶平稳过程，且服从如下一阶向量自回归（VAR）过程：

$$\boldsymbol{x}_{i,t} = \boldsymbol{A}\boldsymbol{x}_{i,t-1} + \eta_i + \gamma_t + u_{i,t} \qquad (4.5)$$

根据吉尔克里斯特（Gilchrist et al.，1995），可以得到系数矩阵 $\boldsymbol{A}$ 的 GMM 估计量 $\boldsymbol{A}'$，则：

$$Q_{i,t} = \boldsymbol{b}'(I - \lambda \boldsymbol{A}')\lambda \boldsymbol{A}' x_{i,t-1} \qquad (4.6)$$

同上，$\boldsymbol{b}' = (1,0)$，折现因子 λ 采用公式 $\lambda = (1-\delta) / (1+r)$ 近似估算，取折旧

率 δ=12.5%，银行贷款利率 r = 6.46%，得 λ = (1–12.5%) / (1+6.46%) ≈ 0.82❶。

以上利用 VAR 构建的基准 Q 能较好地衡量增量投资创造预期现金流的潜力，可以避免采用 TobinQ 衡量投资机会存在的缺陷。

4.4.1.2 企业信息透明度的测度

巴塔查里亚等（2003）率先采用收益激进度、损失规避度和收益平滑度及其加总来衡量信息不透明度。根据本章的研究对象，本章确定以收益激进度、收益平滑度及总收益不透明度指标测量上市公司信息透明度。

（1）收益激进度（EA）

根据巴塔查里亚等（2003）的定义，其计算公式为：

$$ACC_{i,t} = \Delta CA_{i,t} - \Delta CL_{i,t} - \Delta Cash_{i,t} + \Delta STD_{i,t} - \Delta DEP_{i,t} + \Delta TP_{i,t} \qquad （4.7）$$

$$EA_{i,t} = \frac{ACC_{i,t}}{TA_{i,t-1}} \qquad （4.8）$$

式中　　$EA_{i,t}$——企业 i 第 t 期的收益激进度；

$ACC_{i,t}$——企业 i 第 t 期的应计项目；

$\Delta CA_{i,t}$——企业 i 第 t 期的流动资产增加额；

$\Delta CL_{i,t}$——企业 i 第 t 期的流动负债增加额；

$\Delta Cash_{i,t}$——企业 i 第 t 期的货币资金增加额；

---

❶ 我国制造业设备与建筑的经济折旧率分别为 17% 和 8%，本章取二者平均数 12.5%（黄勇峰等，2002；张功富，宋献中，2009）。1999—2015 年我国 3~5 年及 5 年以上贷款利率共有 29 次调整，平均为 6.41% 和 6.51%，本章取二者平均数 6.46%。数据来源于国研网金融统计数据库中的历年金融机构贷款利率调整表和中国人民银行网站，经笔者手工收集整理而得。

$\Delta \text{STD}_{i,t}$——企业 i 第 t 期内到期的长期负债增加额；

$\Delta \text{DEP}_{i,t}$——企业 i 第 t 期的折旧和摊销费用；

$\Delta \text{TP}_{i,t}$——企业 i 第 t 期的应交税费增加额；

$\text{TA}_{i,t\text{-}1}$——企业 i 第 t 期期初的总资产。

参照以往研究（李青原等，2010；王克敏等，2009），本章将企业收益激进度定义为样本观测当年、前一年及前两年连续三年的平均收益激进度。

（2）收益平滑度（ES）

根据巴塔查里亚等（2003）的定义，如果公司应计项目与相应年份现金流变化的方向不一致，且变化程度很大，则公司收益透明度下降，其计算公式为：

$$ES_{i,t} = -\text{Correl}(\Delta \text{ACC}_{i,t}, \Delta \text{CF}_{i,t}) \qquad (4.9)$$

式中　　$ES_{i,t}$——企业 i 第 t 期的收益平滑度；

Correl( )——相关系数；

$\Delta \text{ACC}_{i,t}$——企业 i 第 t 期的应计项目增加额；

$\Delta \text{CF}_{i,t}$——企业 i 第 t 期的现金流量增加额。

本章将企业收益平滑度定义为样本观测当年、前一年及前两年连续三年的平均收益平滑度。

（3）信息透明度（OEO）

参考同类研究（Bhattacharya et al.，2003；黄娟娟，肖珉，2006），本章使用总收益不透明度来衡量企业信息透明度，计算公式如下：

$$OEO_i = \frac{\text{Deciles}(EA_i) + \text{Deciles}(ES_i)}{2} \qquad (4.10)$$

式中　　　OEO_i——企业 i 的信息透明度；

　　　Deciles( )——计算括号内指标十分位数后再进行分组排名。以 EA 计算

　　　　　　　　　为例，赋值规则如下：EA≤EA_$p10$，则 Deciles(EA)=1，

　　　　　　　　　EA_$p10$<EA≤EA_$p20$，则 Deciles(EA)=2，以此类推。

其中　　　EA_$p10$——盈余激进度 EA 的第一个十分位数；

　　　　　EA_$p20$——盈余激进度 EA 的第二个十分位数；

　　　　　EA_i——企业 i 的收益激进度；

　　　　　ES_i——企业 i 的收益平滑度。

4.4.1.3　制度环境的测度

本章旨在探索信息透明度作用企业投资效率的制度约束效应，包括总体效应与具体效应。樊纲等（2010）的市场化指数总得分是对中国各省、自治区、直辖市各年市场化五个方面 ● 发展的综合评价，本章基于企业运营所面临的基本制度环境，对信息透明度作用于企业投资效率的制度约束所产生的总体效应加以考察。考虑到信贷资源配置水平与投资者法律保护体系的完备程度对企业投资效率的重要影响，并借鉴国内已有文献的做法（姚曦，杨兴全，2012；程新生等，2012；方军雄，2006），本章选取金融业的市场化、市场中介组织的发育及法律制度环境的市场化指数，分别刻画企业所面临的金融

　　● 这五个方面分别是：①政府与市场的关系；②非国有经济发展；③产品市场发育程度；④要素市场发育程度；⑤市场中介组织的发育和法律制度环境。

发展与法制水平，据以分析信息透明度作用于企业投资效率的制度约束具体效应。

但是，樊纲等编制的市场化指数截止期是 2009 年，如何得到 2010—2013 年的指数？以 2010 年为例，本章选择如下两步趋势外推法：第一步，计算 2006 年、2007 年及 2008 年各年市场化指数一阶差分之和的平均值；第二步，将 2009 年的指数加上第一步得到的平均值作为 2010 年的指数（杨记军等，2010），2011—2013 年份的指数算法依此类推。制度环境的相关虚拟变量，则根据衡量市场化进程、金融发展与法制水平的各指数是否大于中位数进行分类，大于中位数的设置为 1，否则为 0。

4.4.2　模型设计

借鉴已有研究（Biddle et al.，2019；李青原等，2010；程新生等，2012；方刚，刘小元，2013；魏明海，柳建华，2007；辛清泉等，2007），本章计量模型主要控制了企业财务与公司治理两个层面的特征变量。理论上讲，企业投资效率与信息透明度两者互为因果可能导致信息透明度与回归残差之间的相关，为了克服解释变量的内生性问题，本章将因变量前导一期据以建立以下计量检验模型。

$$\text{Abs}(\text{Res}_{i,t+1}) = \alpha + \beta_1\text{OEO}_{i,t} + \sum\beta\times\text{CVS} + \xi_{i,t+1} \quad (4.11)$$

$$\text{Abs}(\text{Res}_{i,t+1}) = \alpha + \gamma_1\text{ie}_{i,t} + \gamma_2\text{OEO}_{i,t} + \gamma_3\text{ie}_{i,t}\_\text{OEO}_{i,t} + \sum\gamma\times\text{CVS} + \delta_{i,t+1} \quad (4.12)$$

式中　Abs(Res$_{i,t+1}$)——企业 i 第 t+1 期的投资效率；

ie$_{i,t}$——企业 i 第 t 期的制度环境；

OEO$_{i,t}$——企业 i 第 t 期的信息透明度；

ie$_{i,t}$ _ OEO$_{i,t}$——企业 i 第 t 期的制度环境虚拟变量 ie_dum$_{i,t}$ 与 OEO$_{i,t}$ 的交乘项。

CVS——控制变量；

$\gamma_1, \gamma_2, \cdots, \gamma_k$——模型参数；

$\xi_{i,t+1}$、$\delta_{i,t+1}$——企业 i 第 t+1 期的随机扰动项。

模型（4.11）用于检验假设 1 和假设 2，模型（4.12）用于检验假设 3，制度环境变量（ie_dum）包括市场化进程（mi）、金融发展（Finance）与法制水平（Law）。

4.4.3　数据来源与样本选择

由于制度环境、公司治理等变量可获得性存在着局限性，故本章将有关数据作滞后与前导处理，对信息透明度这一变量的计算做三期数据处理，本章最终得到的研究样本跨期为 2003—2014 年度。为了测度企业投资效率及计算财务与公司治理控制变量，笔者从 CSMAR 数据库收集 2000—2014 年度沪深 A 股所有上市公司的营业收入、营业利润及所有者权益等财务数据，使用的银行贷款利率数据来源于国研网金融统计数据库和中国人民银行网站；为计算信息透明度，我们从 CSMAR 数据库中收集 1999—2014 年度沪深 A 股所有上市公司的经营活动现金净流量及计算应计项目的各项原始数据；资产负债率等财务指标来源于锐思金融研究数据库（RESSET/DB）；最终控制人数据取自色诺芬

（CCER）上市公司治理结构数据库。制度环境基于樊纲等（2010）的市场化进程指数构建虚拟变量。企业信息透明度与投资效率指标的大样本回归、计算中剔除了 ST、PT 和退市企业，在剔除金融保险业、数据缺失值后最终得到 5298 个研究样本。为控制离群值对估计结果的影响，对回归模型连续型解释变量在 1% 和 99% 分位数处进行了缩尾（Winsorize）处理。基于 Excel2010、SAS9.2 和 Stata13/MP 进行数据处理与统计分析。

4.5　实证结果分析

4.5.1　回归变量的描述性统计

表 4.1 列出了回归模型变量的描述性统计。本章使用资本性投资率与基准 Q 的回归残差绝对值（Abs（Res））度量样本公司的投资效率。根据定义，回归残差大于 0 表明企业投资过度，残差小于 0 代表投资不足，残差等于 0 表示企业实现了理想的最优投资；残差绝对值表示企业投资过度或投资不足的程度，绝对值越小说明企业投资效率越高。表 4.1 显示，样本公司投资效率的均值为 0.0597，中位数为 0.0529，均值大于中位数，说明投资效率的分布呈右偏特征；最小值为 0.0000，最大值为 0.3437，标准差为 0.0419，说明样本公司投资效率差异较大。信息透明度（OEO）均值为 5.3350，中位数为 5.5000，二者差异不明显表明信息透明度呈近似对称分布；最小值为 1.0000，最大值为 9.5000，标准差为 1.7690，表明样本公司信息透明度存在较大差异。

表 4.1　回归变量的描述性统计

变量	样本量	最小值	均值	标准差	中位数	最大值
OEO	5298	1.0000	5.3350	1.7690	5.5000	9.5000
Abs（Res）	5298	0.0000	0.0597	0.0419	0.0529	0.3437
Q	5298	0.5300	1.4640	1.0050	1.1290	4.0060
Cash	5298	0.0400	0.1572	0.0950	0.1342	0.3945
Size	5298	20.1200	21.8900	0.8513	21.9000	22.9800
Lev	5298	0.1700	0.5076	0.1660	0.5225	0.7386
Return	5298	−0.4400	0.2259	0.6064	0.0222	1.3220
Lnage	5298	1.1000	2.2720	0.4196	2.3980	2.7080
SOE	5298	0.0000	0.6682	0.4709	1.0000	1.0000
dualdum	5298	0.0000	0.8741	0.3318	1.0000	1.0000
hs1	5298	8.1100	35.9700	15.2100	33.8300	74.8200
z_index	5298	0.3000	5.0530	7.45400	2.3030	74.5700
indratio	5298	0.1500	0.3636	0.0499	0.3333	0.5714
Salary	5298	12.1000	14.8500	0.7996	14.8800	17.2700

4.5.2　相关系数表

表 4.2 列出了回归模型主要变量之间的 Pearson 和 Spearman 相关系数。该表显示，信息透明度（OEO）与被解释变量（Abs（Res））负相关，但统计水平上不显著；主要原因是这里执行的是单变量相关性检验，并未控制其他变量的影响，上述检验结果可能存在较大偏差，因此需要通过进一步的多元回归分析论定。

表 4.2　回归模型主要变量之间的相关系数（部分）

变量	OEO	Abs（res）	Q	Cash	Size	Lev
OEO	1.000	−0.019	0.115***	0.062***	−0.040***	−0.175***
Abs(Res)	−0.012	1.000	0.101***	−0.007	−0.105***	−0.133***
Q	0.109***	0.134***	1.000	0.243***	−0.475***	−0.576***
Cash	0.042***	0.060***	0.252***	1.000	−0.098***	−0.212***
Size	−0.032**	−0.093***	−0.421***	−0.087***	1.000	0.379***
Lev	−0.177***	−0.162***	−0.527***	−0.253***	0.373***	1.000

注：以表中数值 1.000 做对角线，左下角为 Pearson 相关系数，右上角为 Spearman 相关系数。

4.5.3　OLS 多元回归结果分析

　　表 4.3 列出了 OLS 多元线性回归结果。模型（1）的回归结果显示信息透明度（OEO）与企业非效率投资（Abs（Res））呈负相关关系，并在 10% 统计水平上通过显著性检验，这意味着信息透明度与企业投资效率显著负相关，从而有力地验证了竞争性假设 2。模型（2）—模型（4）采用引入制度环境变量及其与信息透明度交乘项的方法以验证假设 3，信息透明度回归系数分别为 −0.037、−0.050 和 −0.040，并在 5% 或 1% 统计水平显著；市场化进程、金融发展和法制水平与信息透明度的交乘项回归系数分别为 0.043、0.076 和 0.052，这表明市场化进程、金融发展和法制水平越高的地区，信息透明度越高，非效率投资程度越严重，即制度环境对信息透明度与企业投资效率的关系发挥了正向调节作用，但只有金融发展与信息透明度交乘项在 10% 统计水平通过显著性检验，从而部分验证了假设 3。

表 4.3 制度环境、信息透明度与企业投资效率回归结果

变量	模型（1） OEO	模型（2） Market	模型（3） Finance	模型（4） Law
OEO	−0.025*	−0.037**	−0.050***	−0.040**
	（−1.87）	（−1.99）	（−2.68）	（−2.13）
OEO_mid	—	0.043	0.076*	0.052
	—	（0.97）	（1.69）	（1.17）
mid	—	−0.042	−0.031	−0.052
	—	（−1.01）	（−0.76）	（−1.26）
iel_var	0.318***	0.318***	0.318***	0.318***
	（24.55）	（24.52）	（24.56）	（24.52）
Q	0.047**	0.047**	0.048***	0.047**
	（2.56）	（2.56）	（2.62）	（2.55）
Cash	0.019	0.019	0.019	0.020
	（1.40）	（1.43）	（1.39）	（1.46）
Size	−0.026	−0.026	−0.026	−0.026
	（−1.48）	（−1.47）	（−1.48）	（−1.47）
Lev	−0.092***	−0.093***	−0.090***	−0.093***
	（−5.67）	（−5.70）	（−5.56）	（−5.73）
Return	−0.019	−0.019	−0.011	−0.018
	（−1.26）	（−1.26）	（−0.71）	（−1.22）
Lnage	0.026*	0.027*	0.023*	0.027*
	（1.88）	（1.92）	（1.66）	（1.92）
SOE	−0.016	−0.016	−0.009	−0.016
	（−1.16）	（−1.16）	（−0.65）	（−1.18）
dualdum	−0.006	−0.007	−0.005	−0.007
	（−0.50）	（−0.54）	（−0.39）	（−0.55）

续表

变量	模型（1） OEO	模型（2） Market	模型（3） Finance	模型（4） Law
hs1	0.020	0.020	0.017	0.021
	（1.20）	（1.21）	（1.02）	（1.24）
z_index	−0.004	−0.004	−0.004	−0.004
	（−0.24）	（−0.25）	（−0.24）	（−0.25）
indratio	0.007	0.007	0.007	0.007
	（0.56）	（0.57）	（0.51）	（0.58）
Salary	−0.013	−0.012	−0.024	−0.012
	（−0.82）	（−0.75）	（−1.51）	（−0.73）
N	5298	5298	5298	5298
Adj. R^2	0.131	0.131	0.132	0.131

注：回归系数均为标准化回归系数，因此截距项为 0。

4.6　稳健性检验

4.6.1　替代被解释变量的稳健性检验

为了执行替换被解释变量的稳健性检验，本章基于理查森（2006）的预期投资模型，收集相关数据并通过大样本回归得到了沪深 A 股 2000—2014 年 18786 个正常上市交易企业的投资过度与不足程度的数据，并将其绝对值作为非效率投资被解释变量的替代进行稳健性检验，表 4.4 列出了这一稳健性检验的结果。

表 4.4　基于理查森模型的稳健性检验结果

变量	模型（1） OEO	模型（2） Market	模型（3） Finance	模型（4） Law
OEO	−0.056***	−0.068***	−0.083***	−0.074***
	（−4.09）	（−3.57）	（−4.30）	（−3.89）
OEO_mid	—	0.049	0.082*	0.071
	—	（1.09）	（1.79）	（1.57）
iel	0.172***	0.171***	0.172***	0.170***
	（12.80）	（12.69）	（12.82）	（12.67）
Q	0.036*	0.033*	0.037**	0.032*
	（1.91）	（1.75）	（1.97）	（1.72）
Cash	0.058***	0.061***	0.058***	0.062***
	（4.18）	（4.39）	（4.17）	（4.48）
Size	−0.029	−0.032*	−0.030	−0.032*
	（−1.62）	（−1.74）	（−1.62）	（−1.77）
Lev	−0.139***	−0.141***	−0.137***	−0.142***
	（−8.29）	（−8.40）	（−8.20）	（−8.48）
Return	0.040***	0.041***	0.047***	0.044***
	（2.66）	（2.74）	（3.07）	（2.88）
Lnage	0.007	0.009	0.004	0.009
	（0.48）	（0.64）	（0.29）	（0.66）
SOE	−0.027*	−0.031**	−0.021	−0.031**
	（−1.91）	（−2.15）	（−1.43）	（−2.16）
dualdum	0.014	0.011	0.015	0.011
	（1.03）	（0.84）	（1.11）	（0.80）

续表

变量	模型（1）OEO	模型（2）Market	模型（3）Finance	模型（4）Law
hs1	0.038**	0.041**	0.035**	0.043**
	（2.23）	（2.40）	（2.06）	（2.52）
z_index	−0.027*	−0.027*	−0.027*	−0.027*
	（−1.65）	（−1.66）	（−1.66）	（−1.67）
indratio	0.005	0.005	0.005	0.005
	（0.41）	（0.39）	（0.36）	（0.39）
Salary	−0.019	−0.010	−0.029*	−0.009
	（−1.18）	（−0.62）	（−1.79）	（−0.54）
N	5298	5298	5298	5298
Adj. R^2	0.085	0.085	0.086	0.086

将表 4.4 与表 4.3 对比看，基于理查森（2006）的预期投资模型的回归结果与前文 OLS 回归结果一致，表明本章研究结论是稳健的。

4.6.2　基于面板数据模型的稳健性检验

本章同时执行了多种面板模型的稳健性检验。布劳殊和帕干（Breusch & Pagan，1979）检验支持随机效应模型。表 4.5 列出了基于公司层面聚类稳健标准差的面板模型回归结果，作为对比，模型（1）同时报告了基于稳健标准误的 OLS 回归结果。

表 4.5　面板数据模型回归结果

变量	（1） OLS_robust	（2） FGLS	（3） FGLS_robust	（4） RE
OEO	−0.056***	−0.056***	−0.074***	−0.056***
	（−4.24）	（−4.10）	（−13.29）	（−4.20）
iel	0.172***	0.172***	0.189***	0.147***
	（11.73）	（12.82）	（31.07）	（10.16）
Q	0.036*	0.036*	0.042***	0.040*
	（1.79）	（1.91）	（4.79）	（1.94）
Cash	0.058***	0.058***	0.064***	0.061***
	（3.91）	（4.19）	（12.16）	（4.03）
Size	−0.029	−0.029	−0.013*	−0.032
	（−1.49）	（−1.62）	（−1.83）	（−1.57）
Lev	−0.139***	−0.139***	−0.158***	−0.143***
	（−7.92）	（−8.31）	（−27.12）	（−7.96）
Return	0.040***	0.040***	0.014*	0.040***
	（2.78）	（2.66）	（1.95）	（2.76）
Lnage	0.007	0.007	−0.016***	0.008
	（0.47）	（0.48）	（−3.54）	（0.52）
SOE	−0.027*	−0.027*	−0.017***	−0.028*
	（−1.85）	（−1.92）	（−2.88）	（−1.85）
dualdum	0.014	0.014	0.017***	0.015
	（1.00）	（1.03）	（3.38）	（1.10）
hs1	0.038**	0.038**	0.023***	0.038**
	（2.23）	（2.23）	（3.68）	（2.23）
z_index	−0.027*	−0.027*	−0.024***	−0.026*
	（−1.83）	（−1.66）	（−3.67）	（−1.77）

变量	（1） OLS_robust	（2） FGLS	（3） FGLS_robust	（4） RE
Indratio	0.005	0.005	0.021***	0.005
	（0.39）	（0.41）	（6.25）	（0.33）
Salary	−0.019	−0.019	−0.007	−0.019
	（−1.12）	（−1.18）	（−1.20）	（−1.14）
N	5298	5298	5298	5298
Adj. R^2	0.085	—	—	—

对比表 4.5 与表 4.4 及表 4.3，面板模型与前文 OLS 模型回归结果是一致的，从而进一步支持了本章的研究假设。

4.6.3　基于多层统计分析模型的稳健性检验

制度环境显然属于宏观变量，而企业信息透明度与投资效率则属于微观变量，这意味着制度环境、信息透明度与企业投资效率关系的研究包含宏微观观察单位的多层数据分析。多层数据常存在组内观察相关问题，可能导致统计检验中第 I 类错误的发生，从而误拒原假设。OLS 回归分析假设观察相互独立、方差齐性及正态分布，因而未必适合多层数据的分析，而多层模型分析方法能妥善处理这一问题（王济川等，2008）。本章执行的多层统计分析模型（MLM）回归结果与前文各类检验一致。

4.7 进一步验证

前文指出，中国资本市场尚处在发展的初级阶段，伴随着证券业的持续改革，企业面对的是复杂多变的环境，通过盈余管理向资本市场传递"高效率""稳增长"的利好消息，可能是企业规避风险、改善投资效率的一种组织"自适应"机制。按照这一逻辑，企业面临的风险越高，信息透明度与企业投资效率之间的负相关关系越强。是否如此？本章以公司年度beta系数衡量企业面临的风险水平，表4.6列出了基于beta五分位数划分本章研究样本的OLS回归结果。

表 4.6　制度环境、信息透明度与企业投资效率的 OLS 回归 : beta 五分位回归

变量	QR_20	QR_40	QR_60	QR_80	QR_100
N	1052	1052	1052	1053	1050
OEO	−0.029 （−0.000697）	−0.049 （−0.000717）	−0.056 （−0.000644）	−0.04 （−0.000682）	−0.095 （−0.000664）
OEO_Market	0 （−0.00132）	−0.026 （−0.00141）	0.119 （−0.00127）	−0.041 （−0.00134）	0.149 （−0.0013）
Market	−0.087 （−0.00731）	−0.011 （−0.00776）	−0.163 （−0.00717）	0.04 （−0.00766）	−0.121 （−0.00768）
OEO_Finance	−0.082 （−0.00136）	0.202 （−0.00142）	0.158 （−0.0132）	0.009 （−0.00133）	0.146 （−0.00137）
Finance	0.104 （−0.00752）	−0.174 （−0.00787）	−0.131 （−0.00752）	0.046 （−0.00765）	−0.079 （−0.00781）

续表

变量	QR_20	QR_40	QR_60	QR_80	QR_100
OEO_Law	−0.008 （−0.00132）	−0.041 （−0.00142）	0.167 （−0.00127）	0.054 （−0.00134）	0.15 （−0.00131）
Law	−0.091 （−0.00729）	0.011 （−0.00779）	−0.207 （−0.00714）	−0.082 （−0.00765）	−0.124 （−0.00772）

注：表中圆括号内数字为回归系数的标准差。

　　表 4.6 显示，随着企业面临的风险升高，信息透明度与企业非效率投资之间的回归系数绝对值也逐渐增大，只是在第 4 个五分位数（QR_80）处略有下降，这表明在中国的现阶段，前文提出的企业利用"好"的盈余管理规避风险、改善投资效率的组织"自适应"机制是客观存在的。

4.8　小结

　　信息透明度影响企业投资效率，这是一个基本共识。存在较大研究空间的是，信息透明度不是一个纯粹孤立的变量，它除了受到股权激励、法律诉讼、公司违规以及机构投资者持股等具体因素的直接影响，制度环境及其差异对其的约束更加深远；信息透明度和投资效率的现有测度也需要改进。本章在革新模型设计与变量测度基础上，选取 2003—2014 年沪深 A 股市场多个企业的 5298 个年度数据作为研究样本，对制度环境、信息透明度与企业投资效率的关系进行了研究，结果表明：① 信息透明度与企业投资效率负相关，即信息透明度越高，企业投资效率越低；进一步检验发现，企业面临的风险越高，这一负相关关系越明显。② 金融业的市场化对信息透明度与企业投资效率之间的负相关关系发挥了显著的正向调节作用。本章展现了我国 A 股市场企业通过财务信息透明度规避风险、改善投资效率的"自适应"机制，初步彰显了现阶段制度环境促进企业会计信息定价与治理功能发挥的正效应。本章进一步丰富了会计与投资者保护研究文献，为我国证券业的市场化改革提供了有益的经验依据。

本章的贡献在于：①阐明并验证了我国 A 股市场企业通过财务信息透明度规避风险、改善投资效率的"自适应"机制；②基于向量自回归（VAR）模型计算基准 Q 进而测度企业投资效率，实证检验了财务信息透明度影响企业投资效率的制度约束效应，这是对现有研究文献的丰富和拓展。

本章的政策含义很明显，改进制度环境是落实市场配置资源决定性作用的关键。要使市场在资源配置中起决定性作用，从而提升企业投资效率，就必须通过改革推进中国市场化进程，完善金融、法律、行政监管等一系列制度安排，确保实施机制公正有效。

本章探讨了信息透明度作用于企业投资效率的机理所在，并提供了来自中国沪深 A 股资本市场的经验证据，进一步考察了公司外部制度环境对信息透明度影响企业投资效率的调节作用。实证分析的检验中使用樊纲指数测量企业外部制度环境。然而，信息透明度影响企业投资效率的制度约束效应仅仅考察企业外部制度环境是不够的，毋庸置疑，企业股权结构、内部控制等企业内部制度安排同样会制约信息透明度对企业投资效率的作用功能。

参考文献

蔡春，谭洪涛，2008. 会计实证模型与方法研究 [M]. 成都：西南财经大学出版社．

蔡卫星，高明华，2013. 政府支持、制度环境与企业家信心 [J]. 北京工商大学学报（社会科学版），28（5）：118-126.

程新生，谭有超，刘建梅，2012. 非财务信息、外部融资与投资效率——基于外部制度约束的研究 [J]. 管理世界（7）：137-150.

崔学刚，2004. 公司治理机制对公司透明度的影响——来自中国上市公司的经验数据 [C] // 大型国有企业集团财务管理热点与难点专题研讨会论文集：72-80.

樊纲，王小鲁，朱恒鹏，2010. 中国市场化指数：各地区市场化相对进程 2009 年报告 [M]. 北京：经济科学出版社．

方刚，刘小元，2013. 董事会结构对行为影响的实证分析 [J]. 北京工商大学学报（社会科学版）（5）：28-35.

方军雄，2006. 市场化进程与资本配置效率的改善 [J]. 经济研究（5）：50-61.

黄娟娟，肖珉，2006. 信息披露、收益不透明度与权益资本成本 [J]. 中国会计评论（1）：69-84.

姜英兵，2013. 会计制度改革与资本配置效率 [J]. 宏观经济研究（8）：73-77.

李青原，陈超，赵曌，2010. 最终控制人性质、会计信息质量与公司投资效率——来自中国上市公司的经验证据 [J]. 经济评论（2）：81-93.

连玉君，程建，2007. 投资—现金流敏感性:融资约束还是代理成本？ [J]. 财经研究，33（2）：37-46.

卢现祥，2012. 寻找一种好制度：卢现祥制度分析文选 [M]. 北京：北京大学出版社．

卢现祥，李小平，2008. 制度转型、经济增长和交易费用——来自中国各省市的经验分析 [J]. 经济学家（3）：56-64.

罗付岩，2007. 市场化进程、关联交易与投资效率 [J]. 中南财经政法大学学报（1）：115-121.

罗小芳，卢现祥，2011. 制度质量：衡量与价值 [J]. 国外社会科学（2）：43-51.

卢现祥，李小平，2008. 制度转型、经济增长和交易费用——来自中国各省市的经验分析 [J]. 经济学家（3）：56-64.

饶茜，廖芳丽，刘斌，2012. 政治关联、会计信息透明度与企业投资效率 [C]. 中国会计学会 2012 年学术年会论文集.

任春艳，赵景文，2011. 会计信息质量对公司资本配置效率影响的路径——来自中国上市公司经验证据的研究 [J]. 经济管理（7）：115-120.

王济川，谢海义，姜宝法，2008. 多层统计分析模型：方法与应用 [M]. 北京：高等教育出版社.

王克敏，姬美光，李薇，2009. 公司信息透明度与大股东资金占用研究 [J]. 南开管理评论，12（4）：83-91.

王利娜，2009. 投资者法律保护与会计透明度 [J]. 现代财经（8）：45-48.

魏明海，柳建华，2007. 国企分红、治理因素与过度投资 [J]. 管理世界（4）：88-95.

辛清泉，林斌，王彦超，2007. 政府控制、经理薪酬与资本投资 [J]. 经济研究（8）：110-122.

杨华军，2007. 会计稳健性研究述评 [J]. 会计研究（1）：82-88，93.

杨记军，逯东，杨丹，2010. 国有企业的政府控制权转让研究 [J]. 经济研究（2）：69-82.

姚曦，杨兴全，2012. 市场化进程、财务报告质量与投资现金流敏感性探讨 [J]. 现代财经（天津财经大学学报）（4）：77-89.

袁建国，蒋瑜峰，蔡艳芳，2009. 会计信息质量与过度投资的关系研究 [J]. 管理学报，6（3）：367-372.

袁知柱，王家强，李军强，2012. 会计信息透明度对企业投资效率的影响 [J]. 东北大学学报（自然科学版）（9）：1357-1360.

张功富，宋献中，2009. 我国上市公司投资：过度还是不足？——基于沪深工业类上市公司非效率投资的实证度量 [J]. 会计研究（5）：69-77，97.

BAUMOL W J, 1990. Entrepreneurship : Productive, Unproductive, and Destructive [J]. Journal of Political Economy, 98（5）: 893-921.

BAUMOL W J, 1993. Entrepreneurship, Management and the Structure of Payoffs [M]. MIT Press : 219.

BHATTACHARYA U, DAOUK H, WELKER M, 2003. The World Price of Earnings Opacity [J]. Social Science Electronic Publishing, 78（3）: 641-678.

BHUSHAN R, 1989. Firm Characteristics and Analyst Following [J]. Journal of Accounting and Economics, 11（2-3）: 255-274.

BIDDLE G C, HILARY G, 2011. Accounting Quality and Firm—Level Capital Investment [J]. Accounting Review, 81（5）: 963-982.

BIDDLE G C, HILARY G, VERDI R S, 2009. How Does Financial Reporting Quality Relate to Investment Efficiency? [J]. Journal of Accounting and Economics, 48（2–3）: 112-131.

BOTOSAN C A, 1997. Disclosure Level and the Cost of Equity Capital [J]. Accounting Review, 72（3）: 323-349.

BOTOSAN C A, PLUMLEE M A, 2002. A Re-examination of Disclosure Level and the Expected Cost of Equity Capital [J]. Journal of Accounting Research, 40（1）: 21-40.

BREUSCH T S, PAGAN A R, 1979. A Simple Test for Heteroscedasticity and Random Coefficient Variation [J]. The Econometric Society, 5（47）: 1287-1294.

BUSHMAN R M, PIOTROSKI J D, SMITH A J, 2011. Capital Allocation and Timely Accounting Recognition of Economic Losses [J]. Journal of Business Finance and Accounting, 38（1-2）: 1-33.

BUSHMAN R M, SMITH A J, 2001. Financial Accounting Information and Corporate Governance [J]. Journal of Accounting and Economics, 32（1-3）: 237-333.

CALLEN J L, SEGAL D, 2010. A Variance Decomposition Primer for Accounting Researchers [J]. Journal of Accounting Auditing and Finance, 25（1）: 121-142.

DECHOW P M, DICHEV I D, 2011. The Quality of Accruals and Earnings : The Role of Accrual Estimation Errors [J]. Social Science Electronic Publishing, 77（Supplement）: 35-59.

DIAMOND D W, VERRECCHIA R E, 1991. Disclosure, Liquidity, and the Cost of Capital [J]. The Journal of Finance, 46（4）: 1325-1359.

GILCHRIST S, HIMMELBERG C P, 1995. Evidence on the Role of Cash Flow for Investment [J]. Journal of Monetary Economics, 36（3）: 541-572.

HALL J C, SOBEL R S, CROWLEY G R, 2010. Institutions, Capital, and Growth [J]. Southern Economic Journal, 77（2）: 385-405.

HART O, 1995. Corporate Governance : Some Theory and Implications [J]. Economic Journal, 105（430）: 678-689.

HEALY P M, HUTTON A P, PALEPU K G, 1999. Stock Performance and Intermediation Changes Surrounding Sustained Increases in Disclosure [J]. Contemporary Accounting Research, 16（3）: 485-520.

HSIEH C T, KLENOW P J, 2007. Misallocation and Manufacturing TFP in China and India [J]. Quarterly Journal of Economics, 124（4）: 1403-1448.

JENSEN M C, 1986. Agency Costs of Free Cash Flow, Corporate Finance, and Takeovers [J]. American Economic Review, 76（2）: 323-329.

LANG M, LUNDHOLM R, 1993. Cross-Sectional Determinants of Analyst Ratings of Corporate Disclosures [J]. Journal of Accounting Research, 31（2）: 246-271.

LARA, J M G, OSMA B, et al., 2010. Conditional Conservatism and Firm Investment Efficiency [Z]. Working Paper.

LEVI M，1990. Of Rule and Revenue[M]. University of California Press.

LUNDHOLM R，MYERS L A，2002. Bringing the Future Forward：The Effect of Disclosure on the Returns-Earnings Relation [J]. Journal of Accounting Research，40（3）：809-839.

MCNICHOLS M F，STUBBEN S R，2008. Does Earnings Management Affect Firms' Investment Decisions？[J]. Accounting Review，83（6）：1571-1603.

MILLER G S，PIOTROSKI J D，2000. The Role of Disclosure for High Book-to-Market Firms [J].

NOE C F，1999. Voluntary Disclosures and Insider Transactions [J]. Journal of Accounting and Economics，27（3）：305-326.

NORTH D C，1981. Structure and Change in Economic History [M]. Norton.

NORTH D C，1990. Institutions，Institutional Change and Economic Performance [M]. Cambridge University Press：151-155.

NORTH D C，WEINGAST B R，1989. Constitutions and Commitment：The Evolution of Institutional Governing Public Choice in Seventeenth-Century England [J]. The Journal of Economic History，49（4）：803-832.

RICHARDSON S，2006. Over-investment of Free Cash Flow [J]. Review of Accounting Studies，11（2）：159-189.

SKINNER D J，1994. Why Firms Voluntarily Disclose Bad News [J]. Journal of Accounting Research，32（1）：38-60.

SKINNER D J，1997. Earnings Disclosures and Stockholder Lawsuits [J]. Journal of Accounting and Economics，23（3）：249-282.

STULZ R，1990. Managerial Discretion and Optimal Financing Policies [J]. Journal of Financial Economics，6（1）：3-27.

VERDI R S，2006. Financial Reporting Quality and Investment Efficiency [Z]. Working Paper.

WANG X, 2003. Capital Allocation and Accounting Information Properties [Z]. Emory University Working Paper.

WEINGAST B R, 1997. The Political Foundations of Democracy and the Rule of Law [J]. American Political Science Review, 91（2）: 245.

WILLIAMSON O E, 2002. The Theory of the Firm as Governance Structure : From Choice to Contract [J]. Journal of Economic Perspectives, 16（3）: 171-195.

第5章 机构投资者、会计稳健性 与企业投资效率

　　第4章从信息不透明度的维度考察了会计信息质量影响企业投资效率的机理与效应，侧重于会计信息的传播效应。毫无疑问，会计信息的生产过程及其效率在更大程度上决定了会计信息影响企业投资效率的强弱，其中，会计稳健性原则及其实施机制是影响会计信息生产最为关键的治理原则。所以本章选择从机构投资者与会计稳健性的角度研究制度环境、信息透明度与企业投资效率三者的关系，以进一步深化我们对会计信息定价与治理功能的固有认识。

　　本章选取2006—2014年沪深A股多个公司的8972个年度数据作为样本，对机构投资者、会计稳健性与企业投资效率三者之间的关系进行研究。

5.1 引言

投资活动是企业财务活动的核心，然而在企业日常活动中，非效率投资现象仍十分普遍，其主要表现形式为投资过度与投资不足。投资过度降低了企业与社会的资源配置效率，而投资不足则会导致企业被迫舍弃一些可能盈利较高的项目，从而损害企业与投资者的利益。企业非效率投资问题虽然已经引起了国内外理论界与实务界的关注与探索，然而远未得到解决。在中国新一轮稳增长、调结构，经济改革不断推进的背景下，改善企业投资效率这一现实而重大的问题尤其值得我们进一步深究。

根据现有文献，委托代理矛盾、信息不对称等问题的存在严重影响企业投资效率。如何改善企业投资效率？众多学者将目光投向会计稳健性。国外学者艾哈迈德等（Ahmed et al.，2002）发现稳健的会计信息能够缓解借贷双方的代理冲突，拉方德和罗伊杜乔里（LaFond & Roychowdhury，2008）认为稳健的会计信息能够减少信息不对称、代理问题和降低道德风险，我国学者刘斌和吴娅玲（2011）也通过实证研究得出会计稳健性与非效率投资呈显著负相关的结论。

近年来，"机构投资者"逐渐吸引人们的关注。国内外学者发现，不同性质的机构投资者的持股动机及投资偏好均有差异，他们在对企业管理层的监管上也发挥着不同的作用。李争光等（2015）认为，对于不同性质的机构投资者，会计稳健性的作用效果存在明显差异。然而，孙刚（2010）认为控股权性质不会抑制会计稳健性对非效率投资的影响。考察现有文献不难发现，将机构投资者引入会计稳健性与企业投资效率关系的研究还显匮乏，特别是关于不同性质的机构投资者对二者关系的作用机理与效应分析的探讨也仍然存在争议。本章试图解读机构投资者、会计稳健性与企业投资效率三者相互作用的机理与效应，并提供来自中国本土的相应经验证据。

5.2　文献综述

《企业会计准则——基本准则》第十八条规定，"企业对交易或者事项进行会计确认、计量和报告应当保持应有的谨慎，不应高估资产或者收益、低估负债或者费用"，这可以作为会计稳健性的定义。会计稳健性是否存在是研究的基础，国外较早就有了这方面的研究。瓦茨（2003）认为存在会计稳健性并指明其意义。而我国学者对此研究较晚，李增泉等用巴苏（1997）的盈余／股票回报计量模型进行了回归分析，证明了我国上市公司也具有会计稳健性。然而，巴尔等（Ball et al.，2000）收集了 1992—1998 年所有 A、B 股上市公司的数据后进行的实证分析却得出了相反的结论。李远鹏（2006）用模型将盈利和亏损的上市公司进行分组检验，得出了亏损的上市公司并不存在稳健性的结论。由此可见，学界对会计是否存在稳健性存有争议。艾哈迈德等（2002）基于债务需求动因角度的研究发现，稳健的会计信息能够在一定程度上降低企业的债务成本。刘斌和吴娅玲（2011）从公司治理角度证实企业投资效率随着稳健性的提高而改善。杨丹等（2011）发现企业在考虑资产减值时，应会计稳健性的要求会从收益为负数的项目中撤资，这有效遏制了企业的过度投资。刘红霞和索玲玲（2011）的研究发现，会计稳健性不能缓解企业投资不足。赫里巴尔和尼克尔斯（Hribar & Nichols，2007）认为企业采用盈余管理掩盖了投资的潜在增长趋势，会导致错误的投资预期。从上述文献可以看出，针对会计稳健性与企业投资效率的关系，大多数文献支持正相关结论，但还有部分学者持保留意见。这些分歧有可能是因各自的数据来源、变量设计、行业选取以及研究视角的差异而产生的。

目前对机构投资者的定义，国内外尚不统一。我国学者用"机构投资者"这一概念，旨在与单个投资者进行区别。机构投资者是从事证券投资活动的团体。拉方德和罗伊杜乔里（2008）发现不同性质的机构投资者在参加公司治理意愿和目标方面有差异。高雷和张杰（2008）研究发现，机构投资者持股数量越多，为了获取长期收益，其越愿意参与公司治理。此外，哈策尔和斯塔尔克（Hartzell & Starks，2003）发现，不同类型的机构投资者对公司管理层的监督积极性不同，与交易型机构投资者相比，稳定型机构投资者对公司的监管更为主动积极。

关于会计稳健性与机构投资者间的关系，国外学者已证实稳健会计信息能够帮助机构投资者缓解委托代理问题（Hartzell & Starks，2003）。皮克等（Peek et al.，2009）对比上市公司与私营企业的会计稳健性后得出上市公司盈余会计更为稳健的结论。其原因在于私营企业多以关系融资为主，债权人与企业之间以私下沟通为主，多数不会通过稳健性来保障自身权益；反观上市公司，股东往往遍布世界各地，公司债权人与股东之间的沟通成本高，沟通渠道受限，因此上市公司对会计稳健性的需求更高（Peek et al.，2009）。也有学者对机构投资者进行了分类，从持股时间和比例两个维度入手，同时对管理层监督及缓解代理两方面问题进行研究，发现不同性质的机构投资者的作用各异（Chen et al.，2007）。具体而言，较为独立且持股比例大的长线机构投资者才有参与公司治理的动机和能力，才有可能缓解代理冲突；而那些不具独立性且持股比例小的短期机构投资者，并不会对公司治理产生影响，也没有对管理层起到监督作用。孙铮等（2005）的研究表明，若公司债务比重高，则其会计稳健性也高，两者之间存在着正相关的关系，且国有企业中，这种关系较弱。但对此，有学者持反对意见（李增泉，卢文彬，2003）。

综上所述，学术界关于会计稳健性与企业投资效率之间的关系仍有争议，而将机构投资者引入二者作用机理的文献相对贫乏，且现有文献中所持观点不一，特别值得一提的是关于会计稳健性与企业投资效率存在测量误差的问题，毋庸讳言，这种测量误差的存在影响了我们关于会计稳健性对企业投资效率作用机理的考察。鉴于此，本章拟选取我国股权分置改革以来 2006—2014 年沪深 A 股上市公司的年度数据作为研究样本，采用卡恩等的会计稳健性指数计量企业的会计稳健性水平，并基于理查森模型衡量企业投资效率，将刻画公司治理的机构投资者变量引入会计稳健性与企业投资效率关系的研究中，这将拓展企业投资效率分析的传统微观视角，丰富现有会计稳健性定价与治理功能的学术研究。

5.3　理论分析与研究假设

会计稳健性与企业投资效率的相关理论分析表明，利用会计稳健性能有效地抑制委托代理问题，规范管理层投资决策，提高企业投资效率。从外部融资角度看，推行会计稳健性可以促使企业降低融资成本，从而增加企业价值；从信息传递角度来看，会计稳健性是一种有效的信息传递机制，它缓解了委托人和代理人两者之间的由于缺乏了解或信息传递不及时而带来的矛盾，从而提高企业投资效率。会计稳健性提升企业投资效率的机理有二：其一，随着会计信息质量的提升，由于企业未能及时确认损失而带来的不确定性大大降低；其二，条件稳健性的实施减少了股票的价格波动，从而降低企业的资本成本。综上所述，会计稳健性对投资过度的抑制主要通过缓解管理层代理问题的途径，对投资不足的治理主要通过降低融资成本的方式。目前，我国正处于经济的转型期，对于会计稳健性能否有效发挥治理作用，改善非效率投资状况，本章提出了相关假设。

5.3.1　会计稳健性与企业非效率投资

（1）会计稳健性与企业投资过度

代理冲突及管理层的行为问题被我们视为过度投资的主要动因。企业通过对稳健盈余会计的运用，使各层级监管的代理冲突得到缓解；同时，有效的企业外部监督体制制约着管理层因盲目投资而造成的投资过度。首先，代理问题导致了各层级间的收益与风险不能成正比，债权人的利益在股东或管理层为获得私利而进行的盲目投资行为中被牺牲。正因如此，债权人希望获得利益保障，积极通过限制性条约来要求债务人按时还本付息；而债务人为了能够及时还本付息，并避免资金短缺的产生，偏向于选择远离高风险低收入的项目。当债权人的利益受到损害时，一般要求公司提高内部稳健性，限制机会主义。其次，可以从代理视角对稳健性改善企业过度投资的机理进行分析。在所有权分散的企业，股东利用会计稳健性来限制管理层机会主义行为的需求增加。稳健的会计信息通过以下三个方面对公司内部治理发挥积极作用：其一，会计稳健性可以遏制管理层或控股股东谋求私利、滥用投资资金的行为；其二，应会计稳健性的要求，投资项目损失时管理层必须快速确认，承认自身投资失败，因而在选择投资项目时他们会更为谨慎地对收益及风险进行考评；其三，会计稳健性能提高管理者薪酬契约的有效性，使其薪酬与绩效趋于一致，约束管理层的"道德风险"行为，避免投资过度。

（2）会计稳健性与企业投资不足

两权分离的现代企业制度下，大多数股东并不直接参与企业日常经营活动。为了避免经理人利用信息优势来谋求私利，保障自身权益，企业股东自然而然会对会计稳健性提出要求。会计稳健性要求企业确认经济损失要比确认经济收益更加及时，这能有效减少因信息不对称导致的企业投资不足。首先，会计稳健性能更加真实地反映企业的价值，抑制信息不对称带来的"逆向选择"问题，使企业对自身发展更有信心；其次，会计稳健性能增进管理者薪酬契约的有效性，使管理层违约成本随着会计稳健性对收益与损失的非对称确认与计量而提高，避免投资不足问题。

劳拉等（Lara et al., 2009）认为稳健的盈余会计更有利于企业拓宽外部融资渠道，降低信息不对称的负面影响，避免因投资不足而损害企业利益。而国内有学者认为，中国资本市场尚处于发展的初级阶段，制度环境还很不完善，会计稳健性并不能像西方发达国家的资本市场一样起到缓解投资不足的作用，如刘红霞和索玲玲（2011）研究认为，会计稳健性一方面可以遏制企业的过度投资，但另一方面也会加剧企业的投资不足。但上述研究的一个不足是会计稳健性计量模型与卡恩和瓦茨（2009）的模型存在出入，这有可能导致研究结果出现系统性偏差。因此，本章将刘红霞和索玲玲的样本期间由 2007—2009 年度拓宽为 2006—2014 年，并检验随着中国资本市场的发展与逐步成熟，会计稳健性是否具备缓解企业投资不足的功能。

综上所述，我国企业的会计稳健性一方面能够遏制企业的过度投资，另一方面能够缓解企业的投资不足。这意味着，会计稳健性改善企业投资效率的定价与治理功能具有对称性。基于此，本章提出研究假设 1。

假设 1：在其他条件不变的情况下，企业会计盈余的稳健水平与非效率投资水平负相关。

5.3.2　机构投资者、会计稳健性与企业非效率投资

（1）机构投资者、会计稳健性与企业投资过度

两权分离形成了委托代理关系。委托代理理论认为，股东与管理层利益不统一。管理层容易因一己私欲而过度投资。会计稳健性能够对这种过度投资行为进行约束。一方面，会计稳健性较高的企业能够更早地识别次优投资行为；另一方面，会计稳健性会敦促管理层考虑相关利益者的权益。公司管理层出于自身声誉与薪酬的考虑，将会放弃不盈利项目，来保证收益与损失的不对称确认。机构投资者是上市公司中独立于控股股东和管理者的重要股

东，更容易接触到管理层的内部信息，具有更高的监督动机。尤其对于长线机构投资者来说，他们对参与公司治理、提高会计信息质量的需求更强，在降低代理成本上所发挥的作用也更大。牛建波等（2013）依据投资偏好、期限将机构投资者划分为稳定型和交易型两类，他们发现企业自愿性信息披露的充分程度与机构投资者整体持股比例呈正比；而在机构投资者当中，稳定型机构投资者对自愿性信息披露的正相关影响更明显。这是因为稳定型机构投资者获利的手段不是投机，而是看中企业的长期经营与盈利能力，所以其参与企业内部治理的愿望更为强烈，需要通过稳健的会计信息来降低企业过度投资行为发生的概率。

（2）机构投资者性质、会计稳健性与企业投资不足

信息不对称是指交易各方掌握的信息存在差异。这种差异导致各方地位优劣不同，占优一方可能出于自身利益考虑提供虚假信息等，造成交易成本增加。信息不对称将导致"逆向选择"和"道德风险"问题，而这些问题同样存在于机构投资者中。由于信息不对称阻碍了机构投资者信息的传递和交流，从而导致其无法判断管理者是否存在操纵企业信息的行为，致使投资不足。而会计稳健性能够有效传递公司治理信号，改善投资不足。近年来，国内外学者从多角度考察了利益相关者对会计稳健性的影响。王震（2014）发现机构投资者持股比例与会计稳健性正相关。再有，机构投资者已被证实能在公司治理中起关键作用（高雷，张杰，2008）。因此，机构投资者可以通过会计稳健性来降低信息不对称的程度，提高投资效率。相比于交易型机构投资者，稳定型机构投资者持股比例高、交易不频繁，且更为重视上市公司长期盈利情况，所以他们有

更强的监督动机，也具备更强的关注企业会计稳健性的意愿。李争光等（2015）实证分析了机构投资者异质性与企业绩效的相关作用，发现稳定型机构投资者比交易型机构投资者在提高企业绩效方面的作用更加明显。会计稳健性对于投资不足的正面作用在绩效好的企业里面能够更好地得到发挥，因为现金净流量的提高降低了融资约束。

综上所述，本章提出研究假设2。

假设2：在其他条件不变的情况下，与交易型机构投资者相比，稳定型机构投资者参与的企业中，会计稳健性改善企业投资效率的功效更强。

5.4 研究设计

5.4.1 会计稳健性的度量

卡恩和瓦茨（2009）对稳健性指数进行了实证测试，引入公司规模（Size）、市账比（*M/B*）和资产负债率（Lev）对巴苏的模型（5.1）进行了补充。笔者使用模型（5.2）量化会计盈余对"好消息"的反应速度；模型（5.3）是盈余对"坏消息"比"好消息"反应及时性差异的度量公式（C_Score），具体如下：

$$X_{i,t} = \beta_1 + \beta_2 D_{i,t} + \beta_3 R_{i,t} + \beta_4 D_{i,t} R_{i,t} + e_{i,t} \qquad (5.1)$$

$$\text{G\_Score} = \beta_3 = \mu_1 + \mu_2 \text{Size}_{i,t} + \mu_3 M/B_{i,t} + \mu_4 \text{Lev}_{i,t} \qquad (5.2)$$

$$\text{C\_Score} = \beta_4 = \lambda_1 + \lambda_2 \text{Size}_{i,t} + \lambda_3 M/B_{i,t} + \lambda_4 \text{Lev}_{i,t} \qquad (5.3)$$

式中 $X_{i,t}$——企业 i 第 t 期的盈余水平；

$R_{i,t}$——企业 i 第 t 期的市场调整累计年度超额报酬率；

$D_{i,t}$——虚拟变量，当 $R_{i,t}>0$ 时，$D_{i,t}=0$；当 $R_{i,t}<0$ 时，$D_{i,t}=1$。

将模型（5.2）和模型（5.3）代入模型（5.1）中，得到模型（5.4）：

$$
\begin{aligned}
X_{i,t} = {}& \beta_1 + \beta_2 D_{i,t} + R_{i,t}(\mu_1+\mu_2 \text{Size}_{i,t} + \mu_3 M/B_{i,t} + \mu_4 \text{Lev}_{i,t}) \\
& + D_{i,t}R_{i,t}(\lambda_1+\lambda_2 \text{Size}_{i,t} + \lambda_3 M/B_{i,t} + \lambda_4 \text{Lev}_{i,t}) \\
& + (\delta_1 \text{Size}_{i,t} + \delta_2 M/B_{i,t} + \delta_3 \text{Lev}_{i,t} + \delta_4 D_{i,t}\text{Size}_{i,t} \\
& + \delta_5 D_{i,t} M/B_{i,t} + \delta_6 D_{i,t}\text{Lev}_{i,t}) + \varepsilon_{i,t}
\end{aligned}
\tag{5.4}
$$

模型（5.4）为年度横截面数据，对其进行回归后将得到的系数 λ_1，λ_2，λ_3，λ_4 代入模型（5.3）中，得到会计稳健性指数（C_Score）。其值越大，则表示会计盈余越稳健。

5.4.2 企业投资效率的度量

本章使用对理查森（2006）的预期投资模型，即模型（5.5）进行回归得到的残差来测度企业投资效率。当残差大于 0 时，分类为投资过度；反之，则为投资不足。

$$
\begin{aligned}
\text{Invest}_{i,t+1} = {}& \beta_0 + \beta_1 Q_{i,t} + \beta_2 \text{Lev}_{i,t} + \beta_3 \text{Cash}_{i,t} + \beta_4 \text{Age}_{i,t} + \beta_5 \text{Size}_{i,t} + \beta_6 \text{Return}_{i,t} \\
& + \beta_7 \text{Invest}_{i,t} + \beta_8 \text{Salegrth}_{i,t} + \beta_9 \text{State}_{i,t} + \sum \text{Industry} + \sum \text{Year} + \xi_{i,t+1}
\end{aligned}
\tag{5.5}
$$

式中 $Q_{i,t}$——企业 i 第 t 期的企业价值 TobinQ；

$\text{Salegrth}_{i,t}$——企业 i 第 t 期的营业收入增长率；

$\text{State}_{i,t}$——企业 i 第 t 期的产权性质。

5.4.3 机构投资者的度量

本章借鉴了李争光等（2015）划分机构投资者性质的分类方法，具体计算公式为

$$SD_{i,t} = \frac{INVH_{i,t}}{STD(INVH_{i,t-3}, INVH_{i,t-2}, INVH_{i,t-1})} \tag{5.6}$$

$$Stable_{i,t} = \begin{cases} 1, SD_{i,t} \geqslant Median_{t,j}(SD_{t,j}) \\ 0, SD_{i,t} < Median_{t,j}(SD_{t,j}) \end{cases} \tag{5.7}$$

式中，i 公司 t 年机构投资者所持有的股票与总股数的比值用 $INVH_{i,t}$ 来代表。STD（$INVH_{i,t-3}$，$INVH_{i,t-2}$，$INVH_{i,t-1}$）表示 i 公司 t 年前三年（即 $t-1$、$t-2$、$t-3$ 年）机构投资者持股比例的标准差。对 t 年时所有行业的数值取中位数，得到 $Median_{t,j}$；$Stable_{i,t}$ 是设定的虚拟变量，$SD_{t,j}$ 用来与中位数 $Median_{t,j}$（$SD_{t,j}$）进行比较，当 $SD_{t,j}$ 大于中位数时，$Stable_{i,t}$ 赋值为 1，表示稳定型机构投资者；否则赋值为 0，表示交易型机构投资者。

5.4.4 模型设计

本章将研究样本区分为投资过度（$OI_{i,t+1}$）与投资不足（$UI_{i,t+1}$）两组，建立以下多元回归模型：

$$\begin{aligned} OI_{i,t+1} / UI_{i,t+1} = {} & \alpha + \beta_1 C\_Score_{i,t} + \beta_2 CFO_{i,t} + \beta_3 hsl_{i,t} \\ & + \beta_4 Salary_{i,t} + \beta_5 z\_Index_{i,t} + \beta_6 Turnover_{i,t} \\ & + \beta_7 ICI_{i,t} + \beta_8 Salegrth_{i,t} + \sum Industry + \varepsilon_{i,t+1} \end{aligned} \tag{5.8}$$

$$\mathrm{OI}_{i,t+1}(\text{Stable}=1/\text{Stable}=0) = \alpha + \beta_1 \mathrm{C\_Score}_{i,t} + \beta_2 \mathrm{CFO}_{i,t} + \beta_3 \mathrm{hs1}_{i,t}$$
$$+ \beta_4 \mathrm{Salary}_{i,t} + \beta_5 z\_\mathrm{Index}_{i,t} + \beta_6 \mathrm{Turnover}_{i,t} + \beta_7 \mathrm{ICI}_{i,t} \qquad （5.9）$$
$$+ \beta_8 \mathrm{Salegrth}_{i,t} + \sum \mathrm{Industry} + \varepsilon_{i,t+1}$$

$$\mathrm{UI}_{i,t+1}(\text{Stable}=1/\text{Stable}=0) = \alpha + \beta_1 \mathrm{C\_Score}_{i,t} + \beta_2 \mathrm{CFO}_{i,t} + \beta_3 \mathrm{hs1}_{i,t}$$
$$+ \beta_4 \mathrm{Salary}_{i,t} + \beta_5 z\_\mathrm{Index}_{i,t} + \beta_6 \mathrm{Turnover}_{i,t} + \beta_7 \mathrm{ICI}_{i,t} \qquad （5.10）$$
$$+ \beta_8 \mathrm{Salegrth}_{i,t} + \sum \mathrm{Industry} + \varepsilon_{i,t+1}$$

式中　　　　$\mathrm{OI}_{i,t+1}$——企业 i 第 $t+1$ 期的过度投资；

$\mathrm{UI}_{i,t+1}$——企业 i 第 $t+1$ 期的投资不足；

$\mathrm{C\_Score}_{i,t}$——企业 i 第 t 期的会计稳健性；

$\mathrm{hs1}_{i,t}$——企业 i 第 t 期的股权集中度；

$\mathrm{Salary}_{i,t}$——企业 i 第 t 期的高管薪酬；

$z\_\mathrm{Index}_{i,t}$——企业 i 第 t 期的股权制衡度；

$\mathrm{Turnover}_{i,t}$——企业 i 第 t 期的总资产周转度；

$\mathrm{ICI}_{i,t}$——企业 i 第 t 期的内部控制指数。

其中，模型（5.8）用于检验预期会计稳健性与企业投资效率关系的假设1。对于投资过度组，根据假设1的预期，如果模型（5.8）的回归系数 β_1 显著为负，即可解释为会计稳健性抑制企业投资过度；对于投资不足组，为方便观察，笔者对因变量做了绝对值处理，所以在投资不足组，同样预期 β_1 显著为负，用来证明稳健会计盈余对企业投资不足具有缓解作用。模型（5.9）和（5.10）则用于检验预期机构投资者、会计稳健性与企业投资效率三者关系的假设2。

5.4.5　数据来源与样本选择

本章收集沪深 A 股上市公司 2006—2014 年的数据作为初始研究样本，然后按下列标准筛选：①金融行业上市公司业务类型较为特殊，其财务数据与其他行业可比性小，予以剔除；②剔除所有 PT、ST 和退市公司；③剔除数据缺失公司；④剔除机构投资者持股比例小于 5% 且不是十大股东之一的上市公司数据。最后共得到 8972 个样本数据。本章的机构投资者持股比例数据来源于锐思金融数据库（RESSET/DB），其他数据来源于国泰安数据库（CSMAR）。

5.5　实证结果分析

5.5.1　回归变量的描述性统计

表 5.1 是全样本的描述性统计，分别显示了样本变量的最小值、均值、中位数、标准差、最大值。

表 5.1　回归变量的描述性统计

变量	观测值	最小值	均值	中位数	标准差	最大值
ie	8972	0.00001	0.04720	0.03680	0.03940	0.23000
C_Score	8972	−0.3770	0.0495	0.0261	0.0618	0.2760
Stable	8972	0.0000	0.4950	0.0000	0.5000	1.0000

续表

CFO	8972	−1.9770	0.0538	0.0524	0.1030	0.7940
hs1	8972	2.1970	36.9100	35.5300	15.1700	85.2300
Salary	8972	10.3100	13.8800	13.8900	0.7440	17.1700
z_index	8972	0.1240	4.4110	1.9430	7.1770	118.4000
Turnover	8972	0.0054	0.7720	0.6350	0.6110	10.1800
ICI	8972	0.1700	0.6930	0.6920	0.0791	0.9930
Salegrth	8972	−0.1970	0.1710	0.1460	0.2250	0.5910

本章使用理查森（2006）的预期投资模型的回归残差绝对值（ie）度量企业投资效率。表 5.1 显示，样本公司投资效率（ie）的均值为 0.04720，中位数为 0.03680，均值大于中位数，说明投资效率的分布呈右偏特征，最小值为 0.00001，最大值为 0.23000，标准差为 0.03940，说明公司间差异较大。会计稳健性（C_Score）均值为 0.0495，中位数为 0.0261，均值大于中位数，说明会计稳健性的分布呈右偏特征；最小值为 −0.3770，最大值为 0.2760，标准差为 0.0618，说明我国上市公司之间的会计稳健性差异明显。机构投资者（Stable）均值为 0.4950，说明样本公司中稳定型机构投资者占比近半。第一大股东持股比例（hs1）均值为 36.9100，中位数为 35.5300，均值与中位数接近；最小值为 2.1970，最大值为 85.2300，标准差为 15.1700，样本公司间差异较大。高管薪酬（Salary）均值为 13.8800，中位数为 13.8900，均值几乎等于中位数，说明样本公司高管薪酬呈近似对称分布，最小值 10.3100，最大值为 17.1700，标准差为 0.7440，说明高管薪酬的分布差异较小。内部控制指数（ICI）均值为 0.6930，中位数为 0.6920，均值与中位数接近，说明样本公司内部控制指数呈对称分布；最小值为 0.1700，最大值为 0.9930，标准差为 0.0791，说明样本公司内部控制水平差

异明显。营业收入增长率（Salegrth）表示一个公司销售额的增长幅度，其均值为 0.1710，中位数为 0.1460，均值大于中位数，说明营业收入增长率的分布呈右偏特征；最小值为 -0.1970，最大值为 0.5910，标准差为 0.2250，说明整体而言，样本公司的成长机会较好。

5.5.2　相关系数表

表 5.2 列出了回归模型主要变量之间的 Pearson 和 Spearman 相关系数。

表 5.2　回归模型主要变量之间的相关系数

变量	ie	C_Score	Stable	CFO	hs1	Salary	z_index
ie	1.000	−0.065***	0.001	0.142***	0.013	−0.022**	−0.043***
C_Score	−0.082***	1.000	0.090***	−0.137***	0.048***	0.211***	0.050***
Stable	0.004	0.047***	1.000	0.040***	−0.053***	0.106***	−0.152***
CFO	0.118***	−0.157***	0.042***	1.000	−0.053***	0.084***	−0.018*
hs1	0.009	0.031***	−0.054***	0.040***	1.000	0.070***	0.708***
Salary	−0.023**	0.179***	0.104***	0.055***	0.064***	1.000	−0.058***
z_index	−0.027**	0.051***	−0.132***	−0.009	0.491***	−0.051***	1.000

注：以表中数值 1.000 做对角线，左下角为 Pearson 相关系数，右上角为 Spearman 相关系数。

表 5.2 列示了主要研究变量 Spearman 相关系数的 Sidak 多重检验结果。结果表明，会计稳健性（C_Score）与被解释变量（ie）在 1% 的统计水平上显著负相关。机构投资者（Stable）与会计稳健性（C_Score）在 1% 的统计水平上显著正相关，与企业投资效率正相关，但统计上不显著。

5.5.3　OLS 多元回归结果分析

本章首先将企业投资效率分为投资过度与投资不足，其次根据机构投资者性质差异分为不考虑机构投资者、稳定型机构投资者和交易型机构投资者。表5.5列出了相应的 OLS 多元回归结果。

表 5.3 显示，投资过度全样本的会计稳健性回归系数在 10% 水平通过了显著性检测；投资不足全样本的会计稳健性回归系数在 1% 水平通过了显著性检测。因此，假设 1 得证。

表 5.3　机构投资者、会计稳健性与企业投资效率 OLS 多元回归结果

变量	投资过度			投资不足		
	全样本	稳定型	交易型	全样本	稳定型	交易型
C_Score	−0.031*	−0.042*	−0.018	−0.086***	−0.089***	−0.085***
	（−1.80）	（−1.66）	（−0.72）	（−6.11）	（−4.34）	（−4.38）
CFO	0.102***	0.113***	0.094***	0.085***	0.087***	0.088***
	（5.79）	（4.46）	（3.74）	（6.05）	（4.26）	（4.52）
hs1	0.044**	0.040	0.053*	0.037**	0.051**	0.023
	（2.25）	（1.46）	（1.89）	（2.29）	（2.20）	（1.01）
Salary	−0.028	−0.018	−0.042*	−0.019	−0.051**	0.012
	（−1.58）	（−0.73）	（−1.66）	（−1.30）	（−2.42）	（0.60）
z_index	−0.027	−0.027	−0.030	−0.053***	−0.056**	−0.051**
	（−1.42）	（−1.00）	（−1.09）	（−3.41）	（−2.48）	（−2.31）
Turnover	−0.007	−0.018	0.006	−0.065***	−0.053**	−0.075***
	（−0.36）	（−0.68）	（0.22）	（−4.30）	（−2.35）	（−3.64）
ICI	−0.042**	−0.081***	0.005	−0.020	−0.027	−0.013
	（−2.28）	（−3.12）	（0.19）	（−1.33）	（−1.26）	（−0.62）

变量	投资过度			投资不足		
	全样本	稳定型	交易型	全样本	稳定型	交易型
Salegrth	−0.034**	−0.024	−0.052**	0.063***	0.055***	0.070***
	（−1.96）	（−0.96）	（−2.09）	（4.61）	（2.77）	（3.67）
Industry	控制	控制	控制	控制	控制	控制
N	3593	1814	1779	5379	2628	2751
Adj. R^2	0.020	0.021	0.017	0.055	0.048	0.061

注：回归系数均为标准化回归系数，因此截距项为 0。

投资过度组的稳定型机构投资者会计稳健性回归系数在 10% 水平通过了显著性检测；投资不足组的稳定型机构投资者会计稳健性回归系数在 1% 水平通过了显著性检测。投资过度组的交易型机构投资者的会计稳健性回归系数未通过显著性检测；投资不足组的交易型机构投资者会计稳健性回归系数在 1% 水平通过了显著性检测。因此，假设 2 得证。

5.6 稳健性检验

5.6.1 替代企业投资效率指标的稳健性检验

采用基于向量自回归（VAR）模型计算的残差绝对值（张功富，宋献中，2009；吴良海等，2016）代替前文基于理查森模型计算的企业投资效率，检验机构投资者性质、会计稳健性与企业投资效率三者之间的关系，检验结果基本一致，详见表 5.4。

表 5.4　基于 VAR 模型测度企业投资效率的稳健性检验

变量	投资过度			投资不足		
	全样本	稳定型	交易型	全样本	稳定型	交易型
C_Score	−0.031*	−0.113***	−0.052**	−0.031*	−0.069***	−0.037*
	（−1.80）	（−4.64）	（−2.14）	（−1.80）	（−3.44）	（−1.92）
CFO	0.102***	0.172***	0.142***	0.102***	−0.033	−0.019
	（5.79）	（7.01）	（5.75）	（5.79）	（−1.63）	（−0.96）
hs1	0.044**	0.078***	0.094***	0.044**	0.007	0.022
	（2.25）	（2.91）	（3.44）	（2.25）	（0.30）	（0.99）
Salary	−0.028	0.040	0.060**	−0.028	0.094***	0.053**
	（−1.58）	（1.61）	（2.42）	（−1.58）	（4.48）	（2.58）
z_index	−0.027	−0.078***	−0.101***	−0.027	−0.111***	−0.099***
	（−1.42）	（−2.96）	（−3.74）	（−1.42）	（−5.02）	（−4.54）
Turnover	−0.007	−0.123***	−0.057**	−0.007	−0.081***	−0.052**
	（−0.36）	（−4.77）	（−2.12）	（−0.36）	（−3.66）	（−2.55）
ICI	−0.042**	−0.113***	0.000	−0.042**	0.006	0.015
	（−2.28）	（−4.50）	（0.01）	（−2.28）	（0.27）	（0.75）
Salegrth	−0.034**	0.091***	0.024	−0.034**	0.161***	0.150***
	（−1.96）	（3.82）	（0.98）	（−1.96）	（8.21）	（7.89）
Industry	控制	控制	控制	控制	控制	控制
N	3593	1814	1779	3593	2628	2751
Adj. R^2	0.020	0.083	0.048	0.020	0.076	0.075

5.6.2　基于面板数据模型的稳健性检验

为了克服异方差、自相关及遗漏变量等问题，本章基于面板数据模型选用异方差调整的可行广义最小二乘法（FGLS_robust）进行相应的稳健性检验，结论与前文一致，详见表 5.5。

表 5.5　基于面板数据模型的稳健性检验

变量	模型（1）OLS_robust	模型（2）FGLS	模型（3）FGLS_robust	模型（4）FE	模型（5）RE
C_Score	−0.054***	−0.054***	−0.038***	−0.036**	−0.047***
	（−3.74）	（−3.65）	（−4.26）	（−2.29）	（−3.31）
C_Score_stable	−0.012	−0.012	−0.019**	0.002	−0.008
	（−0.69）	（−0.69）	（−2.34）	（0.13）	（−0.52）
Stable	0.009	0.009	0.041***	0.009	0.009
	（0.60）	（0.63）	（6.15）	（0.55）	（0.62）
CFO	0.112***	0.112***	0.110***	0.072***	0.098***
	（9.99）	（10.43）	（19.27）	（5.70）	（9.38）
hs1	0.031**	0.031**	0.025***	0.039	0.028*
	（2.08）	（2.49）	（4.29）	（0.81）	（1.90）
Salary	−0.015	−0.015	−0.027***	−0.041*	−0.021
	（−1.10）	（−1.33）	（−5.96）	（−1.84）	（−1.55）
z_index	−0.037***	−0.037***	−0.061***	0.000	−0.032**
	（−2.78）	（−3.04）	（−9.14）	（0.00）	（−2.40）
Turnover	−0.025*	−0.025**	−0.057***	0.089**	−0.017
	（−1.78）	（−2.32）	（−10.63）	（2.19）	（−1.21）
ICI	−0.021	−0.021*	−0.020***	0.034**	−0.006
	（−1.62）	（−1.79）	（−3.00）	（2.05）	（−0.49）
Salegrth	0.006	0.006	0.021***	−0.014	0.005
	（0.54）	（0.56）	（4.23）	（−1.06）	（0.48）
N	8972	8972	8972	8972	8972
Adj. R^2	0.019	—	—	0.010	—

5.6.3　其他稳健性检验

1）变换计算会计稳健性指标数据的时间口径。我国企业财务报告编制截止日为日历年度的 12 月 31 日，而财务报告公布截止日为次年的 4 月 30 日，也就是说，财务报告编制日与公布日二者之间存在时间上的差异，这种时差所造成的会计信息含量差别对本章会计稳健性指数的计算及研究结论可能产生不利影响，因此本章将每年 5 月至次年 4 月定义为一个完整的会计年度，依此得到样本数据，据以计算市场调整累积年度超额报酬率及相应的会计稳健性指标，并重复回归前文用于检验假设 1 和假设 2 的各模型，所得结果与前文一致。

2）剔除 2006 年的数据。2007 年我国会计制度进行了重大改革，为了保证统计分析结果的可比性，本章进行了剔除 2006 年年度数据的稳健性检验，即将样本期间缩减为 2007—2014 年度，并重复回归前文用于检验假设 1 和假设 2 的各模型，所得结果与前文一致，从而确保了本章研究结论的稳健性。

5.7　小结

本章首先对机构投资者、会计稳健性及企业投资效率这三个变量的相关研究文献进行了综述，基于委托代理等相关理论，提出研究假设；其次，选择沪深 A 股 2006—2014 年多个公司的 8972 个数据作为样本；最后，运用多元回归分析了会计稳健性对企业投资效率的影响，并对机构投资者性质加以划分后，再次确认不同分组中稳健性作用于企业投资效率的区别。研究结论如下：第一，会计稳健性显著地改善了企业的投资效率；第二，与交易型机构投资者相比，稳定型机构投资者促进会计稳健性、改善企业投资效率的功效更强。

结合现阶段我国的实际经济状况，本章有以下两点政策启示：

第一，本章的结论表明，会计稳健性能通过缓解委托代理冲突来抑制企业投资过度，通过降低信息不对称程度来改善企业投资不足。这进一步证实了会计稳健性与企业非效率投资的负相关关系。我国上市公司在评估自身投资现状后，应重视对会计稳健性的合理运用。在现有国家法律制度下，将会计稳健性落实到企业日常财务活动中，健全企业内部会计制度，让会计稳健性真正发挥改善企业非效率投资的功效。此外，市场监管部门也应该完善监管法律法规，将会计稳健性思想纳入其中，提升企业对会计稳健性的重视程度。最后，应积极向国外学习，取其精华，系统地提升企业会计稳健性。

第二，本章发现，不同性质的机构投资者在资本市场中发挥作用的强度不同，具体来说，与交易型机构投资者相比，稳定型机构投资者促进会计稳健性、改善企业投资效率的功效更强。为更好地发挥机构投资者的作用，有关部门应从两个方面着手：①政府部门应正确指引机构投资者的发展方向，大力鼓励专业机构投资者的成长，同时注重稳定型机构投资者的发展，使其在利用会计稳健性改善企业非效率投资行为中发挥更大的作用；②证券监管部门应着力强化机构投资者的治理功能，通过各种方式与渠道提升其监督功能的有效性，更好地保护资本市场中小股东的利益，努力使其成为稳定型机构投资者，在健全、完善资本市场方面发挥应有的积极作用；同时，应鼓励包括新闻媒体在内的证券市场各方参与者积极营造良好的市场氛围，教育投资者树立正确的股东意识与可持续发展价值观，积极关注长期高效项目的投资，促进我国企业投资效率的持续改进。

　　本章基于微观个体的视角研究了机构投资者、会计稳健性与企业投资效率的相互作用机理与效应，将会计信息质量的传播效应拓展至生产环节的功能分析；并进一步考察了机构投资者参与公司治理的微观制度约束效应，从而推进了制度约束下的信息透明度对企业投资效率的作用机理研究。面对公司的行政治理转向市场化的网络治理的大趋势，考察金字塔结构、会计信息质量与企业投资效率的相互作用机理与效应，可以将微观股权治理结构的制度约束效应扩展至更广阔的宏观制度约束效应，更契合中国资本市场的实际情况，更大程度上深化制度约束下的信息透明度对企业投资效率作用机理的研究。

参考文献

高雷，张杰，2008. 公司治理、机构投资者与盈余管理 [J]. 会计研究（9）：64-72，96.

李远鹏，2006. 会计稳健性研究——基于中国上市公司的实证发现 [D]. 上海：复旦大学.

李增泉，卢文彬，2003. 会计盈余的稳健性：发现与启示 [J]. 会计研究（2）：19-27.

李争光，赵西卜，曹丰，等，2015. 机构投资者异质性与会计稳健性——来自中国上市公司的经验证据 [J]. 财务与会计（3）：111-121.

刘斌，吴娅玲，2011. 会计稳健性与资本投资效率的实证研究 [J]. 审计与经济研究（4）：60-68.

刘红霞，索玲玲，2011. 会计稳健性、投资效率与企业价值 [J]. 审计与经济研究（5）：53-63.

牛建波，吴超，李胜楠，2013. 机构投资者类型、股权特征和自愿性信息披露 [J]. 管理评论（3）：48-59.

孙刚，2010. 控股权性质、会计稳健性与不对称投资效率——基于我国上市公司的再检验 [J]. 山西财经大学学报（5）：74-84.

孙铮，刘风委，汪辉，2005. 债务、公司治理与会计稳健性 [J]. 中国会计与财务研究（6）：112-173.

王震，2014. 机构投资者持股与会计稳健性 [J]. 证券市场导报（5）：14-19.

吴良海，徐德信，章铁生，2016. 制度环境、信息透明度与企业投资效率研究——来自中国 A 股市场的经验证据 [J]. 证券市场导报（10）：20-28.

杨丹，王宁，叶建明，2011. 会计稳健性与上市公司投资行为——基于资产减值角度的实证分析 [J]. 会计研究（3）：27-33.

张功富，宋献中，2009. 我国上市公司投资：过度还是不足——基于沪深工业类上市公司非效率投资的实证度量 [J]. 会计研究（5）：69-77.

AHMED A S, STANFORD-HARRIS M, 2002. The Role of Accounting Conservatism in Mitigating Bondholder-Shareholder Conflicts over Dividend Policy and in Reducing Debt Costs [J]. Social Science Electronic Publishing, 77（4）：867-890.

BALL R, KOTHARI S P, ROBIN A, 2000. The Effect of International Institutional Factors on Properties of Accounting Earnings [J]. Journal of Accounting and Economics, 29（1）：1-51.

CHEN X, HARFORD J, LIK, 2007. Monitoring：Which Institutions Matter? [J]. Journal of Financial Economics, 86（2）：279-305.

HARTZELL J C, STARKS L T, 2003. Institutional Investors and Executive Compensation [J]. The Journal of Finance, 58（6）：2351-2374.

HRIBAR P, NICHOLS D C, 2007. The Use of Unsigned Earnings Quality Measures in Tests of Earnings Management [J]. Journal of Accounting Research, 45（5）：1017-1053.

KHAN M, WATTS R L, 2009. Estimation and Empirical Properties of a Firm-year Measure of Accounting Conservatism [J]. Journal of Accounting and Economics, 48（2）：132-150.

LAFOND R, ROYCHOWDHURY S, 2008. Managerial Ownership and Accounting Conservatism [J]. Journal of Accounting Research, 46（1）：101-135.

LARA J M G, OSMA B G, PENALVA F, 2009. Accounting Conservatism and Corporate

Governance [J]. Review of Accounting Studies，14（1）：161-201.

PEEK E，CUIJERS R，BUIJINK W，2009. Creditorss and Shareholderss Reporting Demands in Public Versus Private Firms：Evidence from Europe [J]. Contemporary Accounting Research，27（1）：49-91.

RICHARDSON S，2006. Over-investment of Free Cash Flow [J]. Review of Accounting Studies，11（2）：159-189.

WATTS R L，2003. Conservatism in Accounting Part I：Explanations and Implications [J]. Accounting Horizons，17（3）：207-221.

第6章　金字塔结构、会计信息质量与企业投资效率

　　本书第4、5两章分别从会计信息的传播与生产环节（信息透明度与会计稳健性）考察了会计信息的定价与治理功能。已有研究表明，两权分离的现代公司制度下，企业管理层存在着普遍盈余管理的机会主义行为，学术界广泛使用盈余管理指标衡量会计信息质量，且我国上市公司普遍存在利用金字塔控股方式实施间接控制的现象，基于此，本章将盈余管理指标作为会计信息质量的度量指标，进一步讨论信息透明度作用于企业投资的机理与效应，并将行政型的企业治理拓展至市场化的网络治理，借以进一步考察金字塔结构对信息透明度影响企业投资效率的调节作用。

6.1　引言

投资是企业资源配置的重要方式，投资效率的高低关系着企业的长远发展和整体价值。就微观领域来看，有效率的投资是指在没有道德风险和逆向选择等市场摩擦的情况下，公司投资的项目净现值为正（Verdi，2006）。投资过度和投资不足是非效率投资的重要表现形式，两者均表示实际投资偏离最优投资水平。一般认为，信息不对称和代理问题是导致这种非效率投资的两个重要因素（Bushman et al.，2001；Stein，2003）。一方面，由于控制权和所有权分离，管理者可能会因私人利益利用职权产生投资过度行为（Jensen & Meckling，1976）；另一方面，若不考虑管理层和股东的利益分歧，假设二者利益一致，管理者也不能完全避免因自身对项目的信息不足而导致的投资不足（Kanodia & Lee，1998），此时会计信息就为缓解这两种问题提供了一个很好的渠道。布什曼等（Bushman et al.，2001）认为会计信息的公开披露能有效提高经理人对投资机会的识别，进而提高投资效率和经营业绩；会计信息的形成和披露又能有效监督管理者的行为，使企业资金得到合理使用；高质量会计信息的披露能通过降低融资成本来缓解外部的融资约束，进而提高企业投资效率。

金字塔结构是企业的一种股权结构模式，控股股东利用金字塔结构建立一系列的控制链，从而实现对底层公司的控制。克莱森斯等（Claessens et al.，2000）、法乔和朗（Faccio & Lang，2002）的研究表明，西欧国家通过金字塔结构控股的现象普遍存在。我国正处于经济转型的重要时期，上市公司终极控制人借助金字塔结构控制企业的现象十分普遍（Fan et al.，2006）。刘芍佳等（2003）发现，由国家利用金字塔控股方式实施间接控制的现象在中国上市公司普遍存在。韩志丽等（2006）的研究表明，民营上市公司也逐渐采用金字塔结构进行内部控制。

就理想的经济环境而言，信息使用者所获得的会计信息往往是及时而有效的，这为他们准确判断企业未来的财务状况及经营成果带来了更大的保障，便于其有效地做出对企业有利的经济性决策。然而现实的经济环境使得会计信息在资本市场之间的传递还是存在一定的矛盾与冲突。朱松（2006）发现，无论是国企还是民营企业，股权控制相对集中，多数重要决策都由上层决策者做出，这严重影响到会计信息的披露。由此可见，会计信息的质量及传导对企业的投资效率的影响程度是一个需要深入研究的问题（Bushman et al.，2001；Healy & Palepu，2001；Leuz & Verrecchia，2004）。

本章选取 2006—2014 年我国沪深 A 股市场多个公司的 4848 个年度数据作为样本，利用理查森模型衡量企业投资效率，参考波尔塔等（Porta et al.，1999）对于最终控制人的定义，手工搜集企业金字塔结构的控制层级数据，基于夏立军（2003）盈余管理计量模型衡量企业会计信息质量，对金字塔结构、会计信息质量与企业投资效率三者的关系进行实证研究。

6.2　文献综述

6.2.1　关于会计信息质量与企业投资效率相关性的研究

在西方学者眼中，企业投资效率受会计信息质量的影响体现在两个方面：

① 优质的会计信息能大幅降低企业与投资者之间的信息不对称性，增强企业有价证券的市场流通能力，减少企业筹资费用和筹资时间，便于企业抓住更多的投资机会（Leuz & Verrecchia，2004；Verrecchia，2001）；② 高质量的会计信息能降低大股东和管理层双方的代理成本（Bushman et al.，2001；Magee，2001），减少企业管理者和所有者因信息沟通不畅而产生的影响，从而促进企业更好地监督大股东和管理者的行为，提高企业投资效率。威尔第（Verdi，2006）研究发现，会计信息质量与投资过度、投资不足之间呈现显著的负相关，当企业的资金充足且股权不集中时，会计信息质量与投资不足的负相关性会随着企业的资金不足而显著。比德尔等（Biddle et al.，2006；2009）认为，良好的会计信息质量有效缓解了企业的投资不足或者过度投资行为，有利于企业发展。除此之外，麦尼克和斯塔本（McNichols & Stubben，2008）通过研究也得到相同结论。

在国内，很多学者都投身于会计信息与企业投资效率作用机制的研究中。周中胜和陈汉文（2008）以伍格勒（Wurgler，2000）的研究结论为基础，分析了会计信息透明度对上市企业投资效率的影响，结果显示，企业行业的不同会导致其资源配置效率产生较大差异，会计信息透明度显著影响了企业资源配置效率。李青原等（2010）发现，上市企业投资过度及投资不足受会计信息质量影响较大，特别是盈余平滑性、应计质量这两项指标的影响能力最强。这一结论与周中胜和陈汉文（2008）的研究成果吻合。研究表明，会计稳健性对于降低信息不对称和代理成本具有重要作用。孙刚（2010）指出，企业的非效率投资问题会因会计稳健性的提高而得到缓解，会计稳健性对投资过度的影响在民营企业中更显著，与之相反，对投资不足的影响在国有企业中更突出。黄欣然（2011）研究发现,盈余质量主要通过管理层代理对投资不足产生负相关影响,而对投资过度的反向作用则通过影响大股东的代理问题来体现。顾水彬（2013）发现，在我国会计准则与国际会计准则不断趋同的背景下，会计准则可以通过会计信息质量对企业投资效率产生间接影响，同时缓解企业投资不足，抑制投资过度。

6.2.2 关于金字塔结构的研究

股东通过金字塔结构来增强对上市企业的控制，这一行为在很多国家都较为普遍（Porta et al.，1999；Claessens et al.，2000）。施莱费尔和维什尼（Shleifer & Vishny，1997）认为，金字塔结构对于终极股东的控制具有放大作用，这种放大有益于终极股东的权益，但会损害小股东的权益。刘峰和贺建刚（2004）认为，终极控制者在进行较大规模的企业控制时，花费较少的现金流和所有权即可实现目的，这会导致控制权和现金流权分离，这一结论与施莱费尔和维什尼（1997）的研究成果相吻合。夏冬林和朱松（2008）指出，企业较多的层级能有效避免政府机关对企业的干预，然而这种情况对于民营企业却不适用，层级的增加意味着民营企业需要支付更多的代理资金，因此会影响企业的整体效益。张宏亮和崔学刚（2009）指出，国有企业市场化程度会随着控制层级增加而提高，这种影响在非国有企业中则相反。韩亮亮等（2009）认为上市企业复杂的控制层级会导致企业的借款比率、负债比率处于较高的水平。张瑞君和李小荣（2012）指出，当企业处于金字塔结构底层时，信息风险会降低债务契约有用性。

以上关于金字塔层级发展原因的分析研究，并未进一步触及金字塔结构作用企业投资效率的机理、机制与具体路径，特别是近 5 年来与此相关的实证研究文献相对匮乏。

6.2.3　关于金字塔结构、会计信息质量与企业投资效率三者关系的研究

当前，国内针对金字塔结构、会计信息质量与企业投资效率三者关联性的研究成果缺乏，很多学者没有从正面对三者关系进行论述，而是通过诸如股权结构、控制权、现金流权分离等侧面展开研究。一些学者认为，控制层级能在一定程度上提升企业的盈余质量。王鹏和周黎安（2006）以实际控制人为切入点论证指出，公司绩效与现金流权呈现正相关关系，说明控制人的控制层级越高，企业的绩效水平越优秀。朱松（2006）通过对大量国有上市企业盈余信息含量的分析认为，国有上市企业若无增添控制链，企业的会计信息质量水平较低，引入控制链后，企业的会计信息质量水平将得到提升。王化成和佟岩（2006）发现，控股股东持股比例会对盈余质量产生负效应，其中国有控股股东的影响作用更加明显。辛清泉等（2007）发现，中央政府控制的企业投资效率最高，地方政府控制的企业投资效率最低。李青原等（2010）发现，当会计信息质量提高时，私人控股结构对投资过度和投资不足均具有治理作用，而地方政府和国有资产管理部门控股只能显著改善投资过度现象。陈共荣和徐魏（2011）的实证检验表明，随着公司大股东持股比例的不断增加，企业投资效率呈现先下降后上升的变化趋势。吕峻（2012）发现，地方政府干预程度越高，企业投资

效率越低。石大林（2014）指出，股权集中程度的提高能够强化股东对管理者的监督作用，从而减少所有者与管理者之间的代理问题。

综上所述，金字塔结构的复杂程度和会计信息质量的高低均影响企业投资效率，同时金字塔结构又直接影响到会计信息质量，这将进一步对公司投资效率产生影响。国内研究大多停留在股权性质影响投资行为的层面上，而在某种程度上都忽略了金字塔股权结构在其中的影响，因此探索会计信息质量对公司整体投资效率的影响，以及金字塔结构在其中发挥的作用，对于提高企业投资效率，甚至整个社会资本投资的效益都具有重大意义。

本章采用夏立军（2003）的盈余管理计量模型衡量会计信息质量，并基于理查森（2006）的预期投资模型测度企业投资效率，将金字塔结构纳入会计信息质量与企业投资效率相关性的研究当中，拓展了企业投资效率分析的传统个体微观视角，丰富了现有会计信息定价与治理功能的研究。

6.3 理论分析与研究假设

市场信息的高度不对称会潜移默化地影响着企业投资效率，具体体现在两个方面：①市场经济制度本身的缺陷使得投资者和企业之间信息不对称；②会计行业内部没有完整和规范的制度，导致会计报表形式层出不穷，严重限制了信息的流通。正是这些因素的干扰，导致企业的会计信息出现了问题，严重影响了市场资源分配规律。实际上，高质量的会计信息可以解决投资者和企业之间的信息不对称问题，便于他们制订合理的投资计划。

尼米特等（Nemit et al., 2014）发现，企业内部信息能够减少因公司扩张而引发的代理问题，透明的会计信息环境有助于提高企业投资敏感性与成长机会，这种影响会随着母公司参与子公司投资决策程度的增加而深化。优质的会计信息能够降低信息不对称性，为股东准确地提供企业的经营情况，减少投资过度行为的发生，从而提高企业投资效率。布什曼等（2001）的研究样本主要集中在市场经济发达国家，其市场制度较为完善和规范，但是这些学者的观点是否适用于经济转型的发展中国家，这值得思考。国内方面，周中胜和陈汉文（2008）的研究对象主要集中在上市公司范围，且参考指标仅为盈余平滑度和盈余激进度，因此研究结论具有明显的局限性。基于以上分析，本章提出假设 1。

假设 1：其他条件不变时，会计信息质量对企业投资效率产生正向影响，企业投资效率随着会计信息质量的提高而改善。

金字塔结构在新兴市场国家被认为是产权保护的一种替代性机制，由于我国存在特殊的上市方式和国有资产管理体制，企业通过金字塔控制链条掌控上市公司终极控制权的现象普遍存在，实际控制者往往采用自上而下的手段逐步控制管理层。克莱森特等（2000）与王鹏和周黎安（2006）发现，企业的两权分离度和可操纵性利润之间表现出显著的正相关。一般性企业中，维持企业现有持股比例不变时，两权分离度随着企业控制层级的增加而逐渐变大。因此，要想保证企业的会计信息质量，必须严格限制金字塔的控制层级数，避免出现以权谋私的现象。

金字塔结构具有刺激效应。上市公司信息透明度随着控制层级的增加而降低，利益相关者获知终极股东信息的难度也会因此增大。金字塔结构随着控制层级的增加而复杂化，可以利用其实现企业的大规模融资，提升企业资产总规模，但是代理成本的增加会降低企业的会计信息质量。与此同时，企业的控制层级越多，控制者的压榨行为就会越厉害，他们为获取私利而损害企业的利益，导致企业利润减少。基于上述分析，本章提出假设 2。

假设 2：其他条件不变时，金字塔结构与会计信息质量对企业投资效率具有互补作用，即缩短金字塔控制层级能够增强会计信息的预期作用，促进企业投资效率的提升。

6.4　研究设计

6.4.1　关键变量测度

（1）金字塔结构的确定

所谓实际控制人，在波尔塔等（1999）很多学者的观点中，是指拥有该公司的投票权总额高于事先设定值的股东。刘芍佳等（2003）指出，国家控制是指政府本身拥有高于两成投票权的直接控股，或是政府拥有对上市公司的表决权。《公开发行证券的公司信息披露内容与格式准则第 2 号〈年度报告的内容与格式〉》中指出，投资者为上市公司持股 50% 以上的控股股东，或者单独或联合控制一个公司的股份、表决权达到或者超过 30% 则具有实际控制权。波尔塔等（1999）和克莱森特等（2000）认为，世界上的大多数公司都是以大股东控股或者股权集中等方式对公司进行管理，通常这些公司的大股东拥有该公司最大的决策权。波尔塔等（1999）指出，应当以 10% 或 20% 作为阈值。因此本章在确定控制链的长度时，每一层级直接和间接持有的投票权需超过阈值 10% 或 20%。本章将我国上市公司的金字塔结构分为以下三种，如图 6.1~ 图 6.3 所示。

图 6.1 所示的这种结构在我国国有上市公司中最为常见。显而易见，只由两层控制链构成的股权链中，国务院国有资产监督管理委员会拥有完全控股权及最终控股权。

从图 6.2 可以看出，股权链条分为两条：第一条是黑牡丹（集团）股份有限公司—常高新集团有限公司—常州市新北区人民政府，第二条是黑牡丹（集团）有限公司—常高新集团有限公司—常州国有资产投资经营有限公司—常州市新北区人民政府。第一条的控制层级为 2，第二条有的机构控股比例少于20%，所以除去第二条，金字塔控股层级为 2，且最终实际控制人的性质是国有控股中的地方政府。

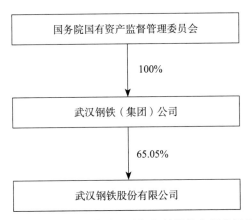

图 6.1　单链式控制结构（以武汉钢铁股份有限公司为例）

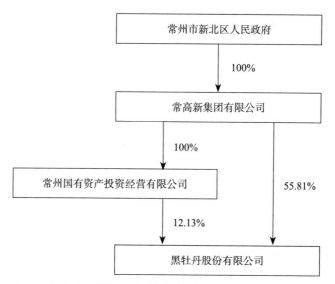

图 6.2 复合式控制结构 [以黑牡丹（集团）股份有限公司为例]

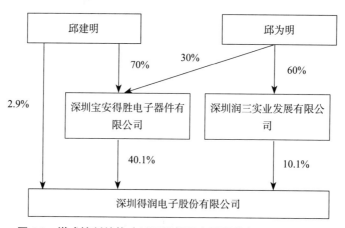

图 6.3 塔式控制结构（以深圳得润电子股份有限公司为例）

图 6.3 所示结构在我国民营上市公司中较为常见。该结构股权链条可分成四条，第一条是邱建明—深圳得润电子股份有限公司；第二条是邱建明—深圳宝安得胜电子器件有限公司—深圳得润电子股份有限公司；第三条是邱为明—深圳宝安得胜电子器件有限公司—深圳得润电子股份有限公司；第四条是邱为明—深圳润三实业发展有限公司。第一条和第四条因不符合通过控制链直接和间接持有的投票权超过阈值 10% 或 20% 的要求而被排除，因此深圳得润电子股份有限公司的金字塔控制层级数为 2。

（2）会计信息质量的测度

本章基于夏立军（2003）盈余管理计量模型测度企业会计信息质量。具体而言，就是要假设估计 j 公司第 $t+1$ 期的操控性应计，假设 t 期为估计期，$i=1$，2，$\cdots$，i_j 为与 j 公司具有相同业务类型的其他公司，以同行业其他公司的财务数据（截面数据）估计以下模型：

$$\frac{\mathrm{GA}_{i,t}}{A_{i,t-1}} = \beta_{0,t} + \beta_{1,t}\frac{\Delta\mathrm{REV}_{i,t}}{A_{i,t-1}} + \beta_{2,t}\frac{\mathrm{PPE}_{i,t}}{A_{i,t-1}} + \varepsilon_{i,t}(i=1,2,\cdots,i_j) \qquad (6.1)$$

式中　　　$A_{i,t-1}$——企业 i 第 t 期期初总资产的账面价值；

　　　　　$\mathrm{GA}_{i,t}$——企业 i 第 t 期期末的线上应计，即营业利润与经营现金流量的差；

　　　　　$\Delta\mathrm{REV}_{i,t}$——企业 i 第 t 期相对于上期的营业收入的增量；

　　　　　$\varepsilon_{i,t}$——企业 i 第 t 期的随机扰动项。

假设上述模型参数 $\beta_{1,t}$，$\beta_{2,t}$ 和 $\beta_{3,t}$ 的估计值分别为 $b_{1,t}$，$b_{2,t}$ 和 $b_{3,t}$，用第 j 家公司第 $t+1$ 期的实际数据预测其非操控性应计，即

$$\mathrm{NDA}_{j,t+1} = b_{0,t} + b_{1,t}\frac{\Delta\mathrm{REV}_{j,t+1}}{A_{j,t}} + b_{2,t}\frac{\mathrm{PPE}_{j,t+1}}{A_{j,t}} \qquad (6.2)$$

从第 j 家公司的总应计中减去预测的非操控性应计，即得到操控性应计的估计值，即

$$\mathrm{DA}_{j,t+1} = \frac{\mathrm{TA}_{j,t+1}}{A_{j,t}} - \mathrm{NDA}_{j,t+1} \qquad (6.3)$$

本章将 DA 取绝对值表示操控性应计的水平，绝对值越大表明会计信息质量越差。

（3）企业投资效率的测度

目前，有关这方面的研究大多数参考理查森（2006）模型，该模型回归残差大于 0 表示投资过度，残差小于 0 表示投资不足，残差绝对值越小，表明企业投资效率越高。企业投资效率回归模型如下：

$$
\begin{aligned}
\mathrm{Invest}_{i,t} = {} & \alpha + \beta_1 Q_{i,t-1} + \beta_2 \mathrm{Cash}_{i,t-1} + \beta_3 \mathrm{Lev}_{i,t-1} + \beta_4 \mathrm{Age}_{i,t-1} \\
& + \beta_5 \mathrm{Size}_{i,t-1} + \beta_6 \mathrm{Salegrth}_{i,t-1} + \beta_7 \mathrm{Invest}_{i,t-1} + \beta_8 \mathrm{Return}_{i,t-1} \qquad (6.4) \\
& + \beta_9 \mathrm{State}_{i,t-1} + \sum \mathrm{Year} + \sum \mathrm{Industry} + \varepsilon_{i,t}
\end{aligned}
$$

式中　　$Q_{i,t-1}$——企业 i 第 $t-1$ 期的企业价值 TobinQ；

Cash$_{i,t-1}$——企业 i 第 $t-1$ 期的现金存量；

Age$_{i,t-1}$——企业 i 第 $t-1$ 期的企业成立年数；

Size$_{i,t-1}$——企业 i 第 $t-1$ 期的企业规模；

Invest$_{i,t-1}$——企业 i 第 $t-1$ 期的投资额；

Return$_{i,t-1}$——企业 i 第 $t-1$ 期的股票回报率；

State$_{i,t-1}$——企业 i 第 $t-1$ 期的产权性质。

6.4.2　模型设计

为检验研究假设，本章建立以下计量模型：

$$
\begin{aligned}
\mathrm{ie}_{i,t} = {} & \alpha + \beta_1\mathrm{DA}_{i,t} + \beta_2 Q_{i,t} + \beta_3\mathrm{FCF}_{i,t} + \beta_4\mathrm{Turnover}_{i,t} + \beta_5\mathrm{ROA}_{i,t} \\
& + \beta_6\mathrm{Lnage}_{i,t} + \beta_7\mathrm{Size}_{i,t} + \beta_8\mathrm{Lev}_{i,t} + \beta_9\mathrm{hsl}_{i,t} + \beta_{10}z\_\mathrm{Index}_{i,t} \\
& + \beta_{11}\mathrm{State}_{i,t} + \sum\mathrm{Year} + \sum\mathrm{Industry} + \gamma_{i,t}
\end{aligned}
\tag{6.5}
$$

$$
\begin{aligned}
\mathrm{ie}_{i,t} = {} & \alpha + \beta_1\mathrm{Layer}_{i,t} + \beta_2\mathrm{Layer\_DA}_{i,t} + \beta_3\mathrm{DA}_{i,t} + \beta_4 Q_{i,t} + \beta_5\mathrm{FCF}_{i,t} \\
& + \beta_6\mathrm{Turnover}_{i,t} + \beta_7\mathrm{ROA}_{i,t} + \beta_8\mathrm{Lnage}_{i,t} + \beta_9\mathrm{Size}_{i,t} + \beta_{10}\mathrm{Lev}_{i,t} \\
& + \beta_{11}\mathrm{hsl}_{i,t} + \beta_{12}z\_\mathrm{Index}_{i,t} + \beta_{13}\mathrm{State}_{i,t} + \sum\mathrm{Year} + \sum\mathrm{Industry} + \gamma_{i,t}
\end{aligned}
\tag{6.6}
$$

式中　　　$\mathrm{ie}_{i,t}$——企业 i 第 t 期的企业投资效率；

$\quad\quad$ $\mathrm{DA}_{i,t}$——企业 i 第 t 期的会计信息质量；

$\quad\quad$ $\mathrm{FCF}_{i,t}$——企业 i 第 t 期的现金流扣除资本性支出的差额；

$\quad\quad$ $\mathrm{ROA}_{i,t}$——企业 i 第 t 期的资产收益率；

$\quad\quad$ $\mathrm{Lnage}_{i,t}$——企业 i 第 t 期的公司上市年龄的自然对数；

$\quad\quad$ $\mathrm{Layer}_{i,t}$——企业 i 第 t 期基于金字塔控制层级构建的虚拟变量；

$\quad\quad$ $\gamma_{i,t}$——企业 i 第 t 期的扰动项。

6.4.3　数据来源与样本选择

本章从沪深证券交易所手工收集 2006—2014 年沪深 A 股所有上市公司年报中股权结构控制层级数；从 CSMAR 数据库收集 2006—2014 年沪深 A 股所有上市公司的经营活动现金净流量及计算应计项目的各项原始数据，测度会计信息质量；基于理查森模型测度企业投资效率，相关变量数据从国泰安（CSMAR）和万德（WIND）数据库得到。其中主要变量的计算与样本选取规则为：①剔除金融、保险业上市公司；②剔除 ST、PT 公司和退市公司；③剔除资产收益率 ROA 为负的上市公司；④剔除数据缺失公司。受变量可获得性限制，有关数据滞后与前导，本章最终得到 4848 个年度数据样本，研究期间为 2006—2014 年度。为控制离群值对估计结果的影响，对回归模型连续型解释变量在 1% 和 99% 分位数处进行了缩尾（Winsorize）处理。本章基于 Excel2010、SAS9.2 和 Stata/MP13.0 进行数据处理与统计分析。

6.5　实证结果分析

6.5.1　回归变量的描述性统计

表 6.1 是全样本的描述性统计，分别显示了样本的最小值、均值、中位数、标准差和最大值。

表 6.1　回归变量的描述性统计

变量名	观测值	最小值	均值	中位数	标准差	最大值
ie	4848	0.000703	0.046400	0.035400	0.039700	0.189000
layer	4848	0.000	2.225	2.000	0.908	9.000
Layer	4848	0.000	0.269	0.000	0.443	1.000
DA	4848	0.00141	0.09610	0.07290	0.08900	0.50900
Q	4848	0.530	1.653	1.341	1.070	4.006

续表

变量名	观测值	最小值	均值	中位数	标准差	最大值
FCF	4848	−0.280000	−0.000887	0.006720	0.103000	0.262000
Turnover	4848	0.123	0.805	0.694	0.482	2.777
ROA	4848	0.125	5.480	4.243	4.762	24.59
Lnage	4848	0.693	1.999	2.197	0.650	2.708
Size	4848	20.12	21.77	21.76	0.857	22.98
Lev	4848	0.174	0.469	0.479	0.172	0.739
hs1	4848	9.440	37.140	36.000	14.650	74.960
z_index	4848	0.322	4.427	2.076	6.187	38.120
State	4848	0.000	0.574	1.000	0.495	1.000

本章使用理查森的回归残差绝对值（ie）度量样本公司的投资效率。表 6.3 显示，样本公司投资效率（ie）的均值为 0.046400，中位数为 0.035400，均值大于中位数，说明投资效率的分布呈右偏特征，最小值为 0.000703，最大值为 0.189000，标准差为 0.039700，说明公司间差异较大。控制层级数（layer）平均值为 2.225，中位数为 2.000，最小值为 0.000，最大值高达 9.000，说明金字塔结构在我国上市公司是普遍存在的。会计信息质量（DA）的平均值为 0.09610，中位数为 0.07290，最小值为 0.00141，最大值为 0.50900，这说明 A 股主板上市公司的盈余管理程度较高，会计信息质量水平较低。

6.5.2　相关系数表

表 6.2 列出了回归模型主要变量之间的 Pearson 和 Spearman 相关系数。

表 6.2　回归模型主要变量之间的相关系数

变量	ie	Layer	DA	FCF	Size	State
ie	1.000	−0.023	0.129***	−0.097***	−0.054***	−0.113***
Layer	−0.011	1.000	−0.032**	0.035**	0.133***	0.173***
DA	0.179***	−0.01	1.000	−0.040***	−0.024*	−0.098***
FCF	−0.152***	0.042***	−0.035**	1.000	0.004	0.081***
Size	−0.024*	0.106***	−0.012	0.011	1.000	0.235***
State	−0.107***	0.126***	−0.101***	0.087***	0.231***	1.000

注：以表中数值 1.000 做对角线进行划分，左下角为 Pearson 相关系数，右上角为 Spearman 相关系数。

单变量相关检验表明，会计信息质量（DA）与被解释变量（ie）在 1% 的统计水平上显著正相关，也就是说企业投资效率随着会计信息质量的提高而改善。

6.5.3　OLS 多元回归结果分析

本章依据理查森模型测度企业投资效率。表 6.3 的模型（1）显示了会计信息质量与企业投资效率的关系，以验证假设 1；模型（2）显示了金字塔结构对会计信息质量与企业投资效率关系的调节效应，以验证假设 2。

表 6.3　金字塔结构、会计信息质量与企业投资效率的 OLS 多元回归结果

变量	模型（1）	模型（2）
Layer	—	0.006
	—	（0.40）
Layer_DA	—	0.052***
	—	（3.14）

续表

变量	模型（1）	模型（2）
DA	0.118***	0.099***
	（7.77）	（6.07）
Q	0.011	0.008
	（0.48）	（0.36）
FCF	−0.160***	−0.160***
	（−11.00）	（−11.01）
Turnover	−0.059***	−0.060***
	（−3.81）	（−3.88）
ROA	0.097***	0.103***
	（4.80）	（5.06）
Lnage	−0.011	−0.020
	（−0.62）	（−1.14）
Size	0.041**	0.042**
	（2.01）	（2.04）
Lev	−0.058***	−0.060***
	（−2.97）	（−3.05）
hs1	0.032*	0.029
	（1.82）	（1.62）
z_index	−0.028	−0.025
	（−1.63）	（−1.48）
State	−0.065***	−0.063***
	（−3.99）	（−3.89）
Year	控制	控制
Industry	控制	控制
N	4848	4848
Adj. R^2	0.091	0.093

会计信息质量与企业投资效率的关系通过模型（1）验证，结果表明，会计信息质量与企业投资效率正相关（回归系数为 0.118），且在 1% 的统计水平显著，从而验证了企业投资效率随着会计信息质量的提高而改善，即假设 1 成立。模型（2）检验了金字塔结构、会计信息质量与企业投资效率的关系，结果表明金字塔结构与会计信息质量的交互项（Layer_DA）与企业投资效率（ie）正相关，并在 1% 的统计水平显著，这意味着缩短金字塔控制层级，将显著加大会计信息质量对企业投资效率的改进作用，从而验证了本章的假设 2。

6.6 稳健性检验

6.6.1 替代关键变量的稳健性检验

表 6.4 为替代企业投资效率和会计信息质量两个关键变量的稳健性检验。从表 6.6 可以看出，模型（1）和模型（2）采用基于向量自回归（VAR）模型计算的企业投资效率指标代替前文理查森模型计算的残差绝对值测度企业投资效率估计量，对 VAR 模型进行估计，得到基准 Q，然后将资本性投资率与基准 Q 分行业回归的残差绝对值作为企业投资效率的测度，其中交乘项 Layer_DA 的 t 值为 1.60，接近在 10% 的统计水平显著；模型（3）和模型（4）基于 DD 模型回归残差（EPS）替换前文的会计信息质量度量指标（DA），其中交乘项 Layer_EPS 的 t 值为 0.71，统计上不显著。总体看，替代关键变量的稳健性检验结果与前文基本一致。

表 6.4　替代企业投资效率和会计信息质量两个关键变量的稳健性检验

变量	模型（1） DA	模型（2） Layer_DA	模型（3） EPS	模型（4） Layer_EPS
Layer	—	0.032**	—	0.020
	—	（1.99）	—	（0.95）
DA	0.119***	0.108***	—	—
	（7.70）	（6.54）	—	—
EPS	—	—	0.036**	0.031*
	—	—	（2.52）	（1.92）
Layer_DA	—	0.027	—	—
	—	（1.60）	—	—
Layer_EPS	—	—	—	0.016
	—	—	—	（0.71）
Q	0.032	0.030	0.015	0.014
	（1.33）	（1.25）	（0.64）	（0.61）
FCF	−0.147***	−0.147***	−0.170***	−0.170***
	（−9.97）	（−9.98）	（−11.65）	（−11.65）
Turnover	−0.030*	−0.031**	−0.067***	−0.068***
	（−1.90）	（−1.97）	（−4.33）	（−4.37）
ROA	0.076***	0.081***	0.128***	0.130***
	（3.71）	（3.94）	（6.39）	（6.49）
Lnage	0.046***	0.035**	−0.017	−0.024
	（2.66）	（2.00）	（−0.97）	（−1.35）
Size	0.012	0.012	0.045**	0.044**
	（0.59）	（0.57）	（2.18）	（2.15）
Lev	−0.009	−0.009	−0.072***	−0.071***
	（−0.44）	（−0.46）	（−3.65）	（−3.62）

续表

变量	模型（1） DA	模型（2） Layer_DA	模型（3） EPS	模型（4） Layer_EPS
hs1	0.027	0.024	0.039**	0.037**
	（1.52）	（1.31）	（2.17）	（2.04）
z_index	−0.017	−0.014	−0.031*	−0.029*
	（−0.98）	（−0.79）	（−1.82）	（−1.68）
State	−0.031*	−0.030*	−0.068***	−0.068***
	（−1.89）	（−1.82）	（−4.15）	（−4.14）
Year	控制	控制	控制	控制
Industry	控制	控制	控制	控制
N	4848	4848	4848	4848
Adj. R^2	0.067	0.069	0.081	0.081

6.6.2　基于面板数据模型的稳健性检验

为了克服异方差、自相关及遗漏变量等问题，本章进行了基于面板数据模型的稳健性检验（表 6.5）。作为对比，表 6.5 同时列示了基于稳健标准误的 OLS 多元回归结果。基于面板数据模型的稳健性检验有力地支持了本章结论。

表 6.5　金字塔结构、会计信息质量与企业投资效率的面板模型稳健性检验

变量	（1） OLS_robust	（2） FGLS	（3） FGLS_robust	（4） RE
DA	0.098***	0.098***	0.083***	0.095***
	（4.94）	（6.01）	（11.28）	（4.78）
Layer_DA	0.052***	0.052***	0.042***	0.050***
	（2.77）	（3.17）	（3.19）	（2.89）

续表

变量	（1）OLS_robust	（2）FGLS	（3）FGLS_robust	（4）RE
Layer	0.006	0.006	−0.007	0.003
	（0.35）	（0.37）	（−0.93）	（0.21）
Q	−0.000	−0.000	0.012	0.005
	（−0.01）	（−0.01）	（1.42）	（0.26）
FCF	−0.160***	−0.160***	−0.165***	−0.135***
	（−8.97）	（−11.11）	（−28.40）	（−7.62）
Turnover	−0.057***	−0.057***	−0.057***	−0.067***
	（−3.41）	（−3.72）	（−7.42）	（−3.93）
ROA	0.110***	0.110***	0.065***	0.114***
	（4.70）	（5.55）	（6.91）	（4.70）
Lnage	−0.023	−0.023	−0.028***	−0.032
	（−1.21）	（−1.37）	（−4.56）	（−1.62）
Size	0.028	0.028	0.054***	0.033
	（1.32）	（1.47）	（5.74）	（1.49）
Lev	−0.052**	−0.052***	−0.085***	−0.041*
	（−2.52）	（−2.81）	（−11.52）	（−1.90）
hs1	0.026	0.026	0.031***	0.026
	（1.27）	（1.46）	（4.52）	（1.22）
z_index	−0.021	−0.021	−0.028***	−0.018
	（−1.07）	（−1.24）	（−4.49）	（−0.88）
State	−0.056***	−0.056***	−0.060***	−0.054***
	（−3.12）	（−3.56）	（−8.36）	（−2.98）
Industry	控制	控制	控制	控制
N	4848	4848	4848	4848
Adj. R^2	0.090	—	—	—

6.6.3 内生性的考虑

为缓解内生性，本章对回归模型的被解释变量作前导一期处理，并进行
OLS 回归，所得结果与本章结论一致。

6.7 小结

本章基于理查森（2006）的预期投资模型，通过对数据的实证分析来研究
会计信息质量与企业投资效率间的关系，同时引入金字塔结构这一微观变量，
以试图验证金字塔结构对会计信息质量与企业投资效率之间关系的影响。研究
结论如下：①会计信息质量对企业投资效率具有正向影响作用，即企业投资效
率随着会计信息质量的提高而改善；②缩短金字塔控制层级，能够显著增强会
计信息的预期作用，促进企业投资效率的提升。

本章的贡献在于，手工完成了 2006—2014 年中国沪深 A 股上市公司最终
控制人层级的计算，为公司治理领域的未来研究积累了基础数据，并基于该手
工数据分析验证了金字塔结构、会计信息质量与企业投资效率三者之间的关系，
为企业和证券监管等部门借以优化控制人链条，改善会计信息质量，提升企业
资本投资效率提供了理论支持。

根据本章研究结论提出以下政策建议：其一，加快完善我国企业财务报告
和信息披露制度，通过强化监督等手段使会计信息更好地发挥提升企业投资效
率的作用；其二，优化企业的控制层级数量，使资源配置效率得到提高。企业

应当致力于增强自身核心竞争力，不断完善资产监督管理制度。

　　本章从盈余管理的视角考察了会计信息质量影响企业投资效率的机理与效应，进一步基于我国国情实证分析了金字塔结构对上述关系的调节作用。本章的分析和讨论加深了对制度约束下的信息透明度对企业投资效率作用机理的研究。探索企业投资效率的影响因素不仅要考虑企业内部与外部的治理环境，还要深入企业内部剖析影响企业投资效率的运营环境与制度约束，尤其需要关注企业的内部控制对企业投资效率的影响。除此而外，前述各章研究都是假定研究样本处于持续经营的状态，显然公司面临的财务和运营状态变动不居，甚至有可能步入非常危险的财务困境。

参考文献

陈共荣，徐巍，2011. 大股东特征与企业投资效率关系的实证研究 [J]. 会计之友（1）：99-104.

顾水彬，2013. 会计准则变革对企业投资效率的影响研究 [J]. 山西财经大学学报，35（10）：92-103.

韩亮亮，李凯，方圆，2009. 金字塔股权结构、终极股东控制与资本结构 [J]. 管理评论，21（5）：35-41.

韩志丽，杨淑娥，史浩江，2006. 企业终极所有者"掏空"行为的影响因素 [J]. 系统工程（9）：43-47.

黄欣然，2011. 盈余质量影响投资效率的路径——基于双重代理关系的视角 [J]. 财经理论与实践（2）：62-68.

李青原，陈超，赵罡，2010. 最终控制人性质、会计信息质量与公司投资效率——来自中国上市公司的经验证据 [J]. 经济评论（2）：81-93.

连玉君，2007. 投资—现金流敏感性：融资约束还是代理成本？ [J]. 财经研究（2）：37-46.

刘峰，贺建刚，2004. 股权结构与大股东利益实现方式的选择 [J]. 中国会计评论，2（1）：141-158.

刘芍佳，孙霈，刘乃全，2003. 终极产权论、股权结构及公司绩效 [J]. 经济研究，4：51-62.

吕峻，2012. 政府干预和治理结构对公司过度投资的影响 [J]. 财经问题研究（1）：31-37.

石大林，2014. 股权集中度、董事会特征与公司绩效的关系研究 [J]. 东北财经大学学报（1）：28-33.

孙刚，2010. 控股权性质、会计稳健性与不对称投资效率——基于我国上市公司的再检验 [J]. 山西财经大学学报（5）：74-84.

王化成，佟岩，2006. 控股股东与盈余质量——基于盈余反应系数的考察 [J]. 会计研究（2）：66-74.

王鹏，周黎安，2006. 控股股东的控制权、所有权与公司绩效：基于中国上市公司的证据 [J]. 金融研究（2）：88-98.

夏冬林，朱松，2008. 金字塔层级与上市公司业绩 [J]. 管理学家（学术版）（2）：120-129.

夏立军，2003. 盈余管理计量模型在中国股票市场的应用研究 [J]. 中国会计与财务研究，5（2）：94-154.

辛清泉，郑国坚，杨德明，2007. 企业集团、政府控制与投资效率 [J]. 金融研究（10）：123-142.

张功富，宋献中，2009. 我国上市公司投资：过度还是不足？——基于沪深工业类上市公司非效率投资的实证度量 [J]. 会计研究（5）：69-77, 97.

张宏亮，崔学刚，2009. 终极控制权性质、市场化程度与公司层级 [J]. 北京工商大学学报（社会科学版）（4）：52-58.

张瑞君，李小荣，2012. 金字塔结构、业绩波动与信用风险 [J]. 会计研究（3）：62-71.

周中胜，陈汉文，2008. 会计信息透明度与资源配置效率 [J]. 会计研究（12）：56-62.

朱松，2006. 最终控制人特征、政府控制与公司价值 [J]. 中大管理研究（1）：98-119.

BIDDLE G C，HILARY G，VERDI R S，2009. How does Financial Reporting Quality Relate to Investment Efficiency? [J]. Journal of Accounting and Economics，48（2）：112-131.

BIDDLE G C，HILARY G，2006. Accounting Quality and Firm-level Capital Investment [J]. The Accounting Review，81（5）：963-982.

BUSHMAN R M，PIOTROSKI J D，SMITH A J，2001. What Determines Corporate Transparency? [J]. Journal of Accounting Research，42（2）：207-252.

CALLEN J L，SEGAL D，2010. A Variance Decomposition Primer for Accounting Research [J]. Journal of Accounting，Auditing and Finance（1）：121-142.

CLAESSENS S，DJANKOV S，LANG L H P，2000. The Separation of Ownership and Control in East Asian corporations [J]. Journal of Financial Economics，58（1）：81-112.

FACCIO M，LANG L H P，2002. The Ultimate Ownership of Western European Corporations [J]. Journal of Financial Economics，65（3）：365-395.

FAN J P H，WONG T J，ZHANG T，2006. The Emergence of Corporate Pyramids in China [J]. Ssrn Electronic Journal.

GILCHRIST S，HIMMELBERG C P，1995. Evidence on the Role of Cash Flow for Investment [J]. Journal of Monetary Economics，36（3）：541-572.

HEALY P M，PALEPU K G，2001. Information Asymmetry，Corporate Disclosure，and the Capital Markets：A Review of the Empirical Disclosure Literature [J]. Journal of Accounting and Economics，31（1）：405-440.

JENSEN M C，MECKLING W H，1976. Theory of the Firm：Managerial Behavior，Agency Costs and Ownership Structure [J]. Journal of Financial Economics，3（4）：305-360.

KANODIA C，LEE D，1998. Investment and Disclosure：The Disciplinary Role of Periodic Performance Reports [J]. Journal of Accounting Research，36（1）：33-55.

LEUZ C，VERRECCHIA R E，2004. Firms Capital Allocation Choices，Information Quality，and the Cost of Capital [Z]. Working Paper，University of Pennsylvania.

MAGEE R P，2001. Discussion of "Contracting Theory and Accounting" [J]. Journal of Accounting and Economics，32（1）：89-96.

MCNICHOLS M F, STUBBEN S R, 2008. Does Earnings Management Affect Firms Investment Decisions? [J]. The Accounting Review, 83（6）: 1571-1603.

NEMIT S, VERDI R S, YU G, 2014. Information Environment and the Investment Decisions of Multinational Corporations [J]. The Accounting Review, 89（2）: 759-790.

PORTA R, LOPEZ DESILANES F, SHLEIFER A, 1999. Corporate Ownership around the World [J]. The Journal of Finance, 54（2）: 471-517.

RICHARDSON S, 2006. Over-investment of Free Cash Flow [J]. Review of Accounting Studies（11）: 159-189.

SHLEIFER A, VISHNY R, 1997. A Survey of Corporate Govemance [J]. Journal of Finance（52）, 737-783.

STEIN JEREMY C, 2003. Agency, Information and Corporate Investment [J]. Handbook of the Economics of Finance, 1（1）: 111-165.

VERDI R S, 2006. Information Environment and the Cost of Equity Capital [Z]. Working Paper, University of Pennsylvania.

VERRECCHIA R E, 2001. Essays on Disclosure [J]. Journal of Accounting and Economics, 32（1）: 97-180.

WURGLER J, 2000. Financial Markets and the Allocation of Capital [J]. Journal of Financial Economics, 58（1）: 187-214.

第 7 章　内部控制、财务困境
与企业投资效率

本章将信息透明度作用于企业投资效率的制度约束效应从公司外部引入公司内部控制层面，并将企业运营状态由持续经营状态拓展至特定的财务困境状态，深入分析内部控制、财务困境与企业投资效率相互作用的机理与效应，以便将 4~7 各章融为一体，从而全面彰显制度约束下的信息透明度对企业投资效率的作用机理。

本章选取 2006—2014 年沪深 A 股多个上市公司的 9140 个年度数据作为研究样本，检验了内部控制、财务困境与企业投资效率三者之间的关系。

7.1　引言

投资的重要性不容置疑，它是企业得以生存成长的基石，也是资产盈利的重要前提。投资效率是衡量企业投资的收益率和衡量能否进一步提高公司整体价值的资本配置效率的指标。在企业经营管理活动中，投资效率在扩大市场规模和提升企业价值上发挥着关键性作用。张功富和宋献中（2009）认为因信息不对称和代理等问题的存在，我国企业中普遍存在着投资过度或投资不足，投资行为效率低下。詹森（Jensen，1986）研究认为，在企业经营权和管理权分离情况下，公司经营管理者与控股股东利益不尽相同，管理者基于提高个人声誉需求容易导致公司过度投资。张纯和吕伟（2009）研究认为我国上市公司中普遍存在过度投资现象。鉴于对外融资成本较高，企业做出投资决策时很大程度上受内部现金流的影响，意味着公司规模、资本成本等都影响到企业的投资活动；尤其是陷入财务困境的企业，内部资金严重缺乏，导致对现金流变动更为敏感，投资过度或投资不足产生的经济后果更有可能被放大。李秉成（2004）的研究指出了企业财务困境的形成过程与特征。姜付秀等（2009）指出，管理层过度自信采取扩大投资策略会加大企业陷入财务困境可能性。国外有些学者则认为财务困境会带来一定的经济收益。詹森（1989）的研究表明财务困境会驱动公司管理层缩减成本，提高经营业绩，从而改善运营现状。安德雷德和卡普兰（Andrade & Kaplan，1998）认为企业在陷入财务困境后市场价值和投资效率均有所改善。

研究财务困境企业投资状况时，应考虑加入内部控制因素后产生的影响。李万福等（2012）发现，内部控制质量较低的公司陷入财务困境的可能性更大，企业通过加强内部控制可以规避陷入财务困境的风险，从而保障公司股东与债权人的利益。林钟高等（2007）研究表明，企业通过内部控制程序可以优化资本结构，降低运营风险，实现企业价值增值目标。林斌等（2010）研究了内部控制的影响因素，包括盈余质量管理、风险把控、融资成本约束、市场反应和审计及对企业产生的经济后果。李万福等（2011）研究指出，企业面临投资过度或投资不足时，较低的内部控制质量将会加剧这种非效率投资现象，对比而言，内部控制质量较高的企业则能拥有高投资效率并获得客观的利润。道尔等（Doyle et al.，2007）认为，有效的内部控制可以通过提高信息披露质量改善投资效率。阿什堡·斯凯夫等（Ashbaugh-Skaife et al.，2008）也证实了内部控制对投资效率的调节作用。国内学者对内部控制的研究多集中在其形成原因、内容及应用等方面，甚少研究陷入财务困境企业与财务状况良好企业的投资效率状况差异，以及引入内部控制研究财务困境与企业投资效率二者间的关系。

如上所述，内部控制对企业投资活动的影响至关重要，因此在研究财务困境与企业投资效率二者间关系时引入内部控制变量显得至关重要。鉴于此，本章选取了 2006—2014 年沪深 A 股上市公司的年度数据作为研究的样本，基于理查森模型检验分析企业投资效率状况，采用 WIND 数据库中发布的 Z 值作为衡量财务困境的标准，借鉴深圳迪博公司发布的迪博指数衡量企业内部控制质量，对内部控制、财务困境与企业投资效率三者间关系进行了实证检验。

7.2　文献综述

财务困境，亦称为财务危机，指公司财务上发生困难，出现违约、变卖资产等行为，严重的财务困境甚至会导致公司财务破产。奥特曼（Altman，

1968）将陷入财务困境情境下的企业定义为合法破产、按照破产进行管理或是依照《美国破产法》里的相关条款规定进行重组的企业。国内学者张玲（2000）、吴世农和卢贤义（2001）将财务状况异常、被证监会特别处理的公司（通常被称作 ST 公司）界定为财务困境公司。国内研究财务困境与企业投资效率二者间关系的学术文献较少，主要原因是大多数学者在研究企业投资效率时，会将陷入财务困境的公司样本剔除。国外学者关于财务困境企业的投资行为研究，重点关注企业在陷入财务困境后会扩大投资还是缩减投资。阿拉亚尼斯和莫苏姆达尔（Allayannis & Mozumdar，2004）认为公司在陷入财务困境后为了能持续经营下去，对外投资资金总额也会随之相应减少；巴吉特等（Bhagat et al.，2005）研究证实了陷入财务困境的公司中 50% 以上会缩减对外投资。国内学者张功富和宋献中（2007）研究指出陷入财务困境后的企业会面临更多的融资约束，而扩大投资规模能帮助企业更快地走出财务困境。通过以上文献梳理发现国内外关于财务困境与企业投资效率二者间关系尚未形成一致的认识，有的认为陷入财务困境的企业通过缩减投资更好地避免了经营风险，有的却得出相反的结论，这些认识上的分歧有可能是各自所选取的样本数据及变量来源等方面存在的差异所导致。目前学术界研究主要聚焦陷入困境状态后的企业对现金流的敏感度与投资战略选择，直接讨论财务困境公司投资效率高低的文献较少。

企业投资效率在受到财务困境制约的同时也受到内部控制的影响。我国于 2008 年发布的《企业内部控制基本规范》，将"内控"定义为全体人员参与并监督公司经营活动的过程。该规范指出内控的五个要素为风险评估、信息和沟通、内部监督、内部控制与控制活动，根据内部和外部环境的转变而变化。国外在研究内控与投资效率的关系时往往会将会计信息质量这一因素作为桥梁，连接二者。珍（Jean，2006）研究了《萨班斯—奥克斯利法案》条款对企业盈余质量的约束力，认为企业实施内部控制可以优化盈余质量管理。张晓岚等（2012）研究证实内部控制信息披露质量与经营业绩呈正相关关系，与企业经营财务风险呈负相关，初步证实了内部控制的决策有用性。张继勋等（2011）提出审计意见和内控信息披露程度会影响投资的可能性与错报风险。张国清等（2015）研究认为内部控制并未改善企业财务绩效，但基于信号传递理论，内部控制质量高的企业降低了财务与运营风险，向市场传递了好消息，增强了公司股票持有者和债券持有人信心，增加了公司市场绩效与市场价值。与此相反，于忠泊和田高良（2009）研究认为披露内部控制信息对公司财务报告的可靠性与投资者决策的有效性没有任何影响，否定了内部控制的自我评估功能。同时一些学者也关注到内部控制对公司治理的影响。詹森和梅克林（Jensen & Meckling，1976）认为有效的内部控制可以通过缓解公司内部代理冲突问题，激励和约束管理层朝着公司长远利益出发，提高公司经营业绩和长期绩效。

从企业经营风险角度考虑，内部控制可以保障财务困境企业降低经营风险，提高投资效率，其原动力来源于企业风险管理。丁友刚和胡兴国（2007）研究指出，内部控制实质是对企业内部风险的管控机制，融入企业全面风险管理框架中。何庆光和王玉梅（2004）研究发现，内部控制的动机是企业所面临的风险，坚持以人和会计系统为核心管理控制，对于降低企业的资金成本、实现财务信息的透明化发挥着重要作用。宋丽梦和孟泽锐（2013）研究证实了全面风险管理与公司财务业绩呈正相关关系，随着风险管理水平的提高，财务业绩也逐渐增长，降低了企业高资产负债率带来的财务困境风险，同时也得出全面风险管理可以降低财务困境风险进而提升企业经营效益的结论。

综上所述，学术界关于财务困境与企业投资效率关系的认识仍然存在分歧，而引入内部控制探究财务困境与企业投资效率二者作用机理的分析还很缺乏。本章的研究将内部控制变量纳入财务困境作用于企业投资效率的研究当中，拓展了企业投资效率研究的广度，丰富了现有企业投资效率的研究。

7.3　理论分析与研究假设

按照信息不对称和委托代理理论，公司发行股票进行外源融资时，新股东对投资项目往往不甚了解，导致低估或者高估了被投资对象的价值，被高估的公司由于获得较多投资金额，可能会投资净现值（NPV）为负值的项目，但企业仍能利用被高估的价值获得融资收益以便弥补相关损失，这就引发了投资过度行为。相比较而言，陷入财务困境的公司，往往处于资金缺乏、投资环境恶劣的情境下，企业的经营风险增加，企业投资者对新投资项目价值的估量也不尽准确，为了保障自己的权益，不会贷给企业太多资金，企业内部资金不充足，使得管理者不得不放弃净现值大于零的项目，最终造成投资效率低下。对于财务困境公司来说，通过对外投资增加利益使自身增值显得无比重要。自由现金流理论认为，陷入财务困境的企业，面临着错综复杂的企业内部和外部环境，当管理者发现了一项净利润为正的投资项目时，往往由于缺乏足够的资金只能放弃好的投资机会，受到融资条件约束导致投资不足。另一方面，某些陷入财务困境的企业拥有政府的支持及银行的贷款优势，急于摆脱困境现状，会选择冒险而过度投资。例如，阿城继电器股份有限公司与江苏春兰制冷设备股份有限公司 ❶，之前同为盈利多且名声大的公司，但由于后劲不足，逐渐走向财务困境，但在地方政府保护与扶持和银行债券的弱化条件下，公司利用支援的资金积极对外投资，导致过度投资，这种非效率的投资行为不但没能反转财务状况，反而雪上加霜，进一步扩大亏损。综上所述，本章提出第一个假设：

假设 1：其他条件一定，财务困境与企业投资效率负相关。

委托代理与信息不对称理论认为，企业的经营管理权和所有权是分离的，股东获取的公司财务信息存在片面性与滞后性，管理者的决策也常与股东利益相背离。早在 21 世纪之初，安然和世通等公司接连不断地发生财务舞弊和造假行径，美国发布了影响深远的《萨班斯—奥克斯利法案》，强调了公司完善内部控制体系的重要性。国内企业也因内部控制存在重大缺陷引起了一系列的经济问题，如"银广夏事件"、巨人集团的土崩瓦解、中国航空油料集团有限公司巨额亏损等。我国也不断强调建设内部控制的重要性，连续发布了众多有关规范内控的法案，要求我国企业通过加强内控建设，改善相关信息质量，提高企业的投资效率，最终保护股东利益。内部控制作为有效的手段能够最大限度为企业的健康发展保驾护航，通过制定契约规范管理层的投资、

---

❶ 阿城继电器股份有限公司为达到上市向股东募集资金目的，于1998—2005年在财务上虚减期间费用，虚开发票，虚增营业收入，虚增资产8478.08万元，未如实反映公司的财务状况与现金流量，因事务所审计被揭发后股票大跌，陷入财务困境。江苏春兰制冷设备股份有限公司于1994年在上海证券交易所挂牌交易，上市初期股价大幅上涨，然而2000年后空调行业竞争加剧，经历了2005—2007三年亏损后，于2008年被上海证券交易所宣布暂停交易。

融资、经营决策，平衡治理机构之间的权利义务关系，促使企业实现运营目标，改善财务信息质量，确保资产安全性，提高经营效益。同时加强信息与沟通机制，提高信息透明度，使股东更好地把握公司的经营状况，进而降低财务风险。综上可知，在稳健的财务状况下，基于充足的现金流和良好的市场环境，高质量的内部控制有利于企业管理者做出合理的投资决策。相较而言，陷入财务困境企业的投资行为不合理与效率低下，可以通过加强内部控制降低企业运营风险，脱离财务困境，提高企业投资效率。基于此，本章提出第二个假设：

假设 2：其他条件一定，内部控制能够对财务困境与企业投资效率之间的负相关关系发挥弱化调节作用。

7.4　研究设计

7.4.1　关键变量测度

7.4.1.1　内部控制

实务派一直想要解决的难题就是内部控制质量的评估。美国公众公司会计监督委员会（PCAOB）于 2007 年提出新的测评方法，聚焦在一些错报风险高的领域，以公司内部控制的缺陷程度来评估其质量好坏。除此之外，莫兰德（Moerland，2007）为北欧国家设计了内部控制指数，另有学者设计了风险管理指数（Chih-Yang Tseng，2007）。国内学者陈汉文和张宜霞（2008）将内部控制细分为五大要素（内部环境、风险评估、控制活动、信息与沟通、内部监督），基础是内部控制实施的完整程度，并且把这五大要素层层分解最后量化。骆良彬和王河流（2008）根据此五个要素设计出了指标体系，把综合的模糊性与分析的层次性两者相结合，模糊映射了评估指标从定性到定量的转变。杨洁（2011）将内部控制过程分解为四个步骤，即计划、执行、检查、改进，内控的评价用构建的指标集合估计，这种方法的特别之处在于将内部控制过程化。崔永梅和余璇（2011）根据企业并购行为复杂且失败率高的情况，立足于风险点研究出一整套流程，第一是决策，第二是接管，第三是进行整合，第四是评估，并结合执行主体、监督主体、控制内容和控制方法设计了体系。

近年来衡量内部控制质量最广泛应用的是迪博指数，本章的内部控制也是基于深圳迪博公司发布的迪博指数来度量。迪博公司自主研发的"中国上市企业内部控制指数"，以西方的 Audit Analytics Data 数据库为数据参考，2008 年伊始评估国内上市公司每年的内部控制质量，设计出专门针对国内企业风险管理及内部控制的专业级数据库。从公司年报的相关财务数据、"重要事项""公司整治"和"内部控制的自我评价与分析"等统计出数据，充分综合内部控制的各种因素、内控的目的及财务现状，从而实现内部控制质量的量化，这一数据对于反映企业的内控质量具有重要作用。迪博指数运用广泛，权威性较强，财政部、证监会等在许多报告中都采用。鉴于此，本章采用迪博指数来衡量企业内部控制质量。

7.4.1.2　财务困境

国外针对企业处于财务危机状态的分析研究资料较常见，其中一个很热门的话题就是财务困境的衡量方法。财务困境的衡量方法具体包括：菲茨帕特里克（Fitzpatreck，1932）提出的用单个财务比率或指标来衡量财务困境的单变量模型法；奥特曼（1977）设计出的著名 Z-score 模型，把多个财务指标加在一起计算出总值，用 Z 来表示的多变量模型法；奥尔森（Ohlson，1980）探索出的逻辑（Logit）模型和兹米耶夫斯基（Zmijewski，1984）使用的 Porbit 模型，二者都是假设公司具有以财务比率方式呈现的性质，从而能计算出公司陷入财务困境的概率，当计算出的概率值大于定点，那么便可以断定公司在此期间会陷入财务困境；以及随着计算机与信息技术的巨大发展，沙尔达和奥多姆（Sharda & Odom，1990）创造出的人工神经网络分析法 ❶ 和梅西耶与汉森（Messier & Hansen，1988）提出的专家系统方法 ❷。

　　本章的研究直接采用 WIND 数据库中发布的 Z 值作为衡量企业财务困境程度的标准。奥特曼等（1977）设计的 Z-score 模型，将多个财务指标合并在一起计算出总值，并用 Z 来表示。奥特曼选取了美国 1946—1965 年总资产介于 100万 ~2500 万美元并申请了破产的 33 家企业，同时抽取了没有破产的 33 家企业作为对比，按照误判率最小的原则，在 22 个财务指标中选了 5 个误判率最小的指标放入模型。模型如下。

$$Z=1.2X_1+1.4X_2+3.3X_3+0.6X_4+0.999X_5 \tag{7.1}$$

---

　　❶ 将 1975—1982 年的 65 家财务困难公司与 64 家财务正常公司相配对，区分样本为保留样本和训练样本，用类神经网络设计出模型，将预测效果最好的变量自动组合起来，根据新的资料数据调整内部储存的权重参数。

　　❷ 从知识获取角度出发，对专家系统在信用领域上的应用做比较，收集 71 家企业的相关经营数据，采用群决策法、线性判别法进行数据的对比处理。

式中　X_1——营运资本与总资产之商；

　　　X_2——保留盈余与总资产之商；

　　　X_3——息税前利润与总资产之商；

　　　X_4——股东权益市值与账面债务之商；

　　　X_5——营业收入与总资产之商；

　　　Z——加权得到的财务困境总得分。

临界点是 Z=1.81 和 Z=2.675，若 Z<1.81，那么公司破产的可能性很大；若 1.81<Z<2.675，那么公司的财务状况处在不稳定状态；当 Z>2.675 时，说明公司拥有稳健的财务状况，发生破产的可能性极小。所以 Z 值越大，则财务状况越好，企业经营安全性越高。在实际运用上，Z 指标预测公司在未来一年内破产的准确性达 90%，而在两年内的准确性降为 80%。

7.4.1.3　企业投资效率

本章基于理查森模型检验分析企业投资效率状况，该模型最大的优点在于可以量化企业某一年度投资效率的水平。先通过模型计算出理想中的投资水平，而企业在实际中的投资水平和之前计算出的理想投资水平存在差值，二者的差值即为回归模型的残差值，残差值大于零时代表着企业投资过度，而残差值小于零则代表着企业投资不足，残差的绝对值越大，则其非效率投资程度越高，企业资本配置水平较低。考虑到财务困境对于企业投资效率存在滞后效应，同时为了缓解存在的内生性等问题，本章在回归分析中采用将企业投资效率前导一期（Fie）来探讨其与财务困境的关系。回归模型如下。

$$\begin{aligned}
\text{Invest}_{i,t} = {} & \alpha + \beta_1 Q_{i,t-1} + \beta_2 \text{Cash}_{i,t-1} + \beta_3 \text{Lev}_{i,t-1} + \beta_4 \text{Age}_{i,t-1} \\
& + \beta_5 \text{Size}_{i,t-1} + \beta_6 \text{Salegrth}_{i,t-1} + \beta_7 \text{Invest}_{i,t-1} + \beta_8 \text{Return}_{i,t-1} \quad (7.2) \\
& + \beta_9 \text{State}_{i,t-1} + \sum \text{Year} + \sum \text{Industry} + \varepsilon_{i,t}
\end{aligned}$$

7.4.2 模型设计

为了证实内部控制、财务困境与企业投资效率三者之间的关系，本章构建如下两个多元回归模型：

$$\begin{aligned}
\text{Fie}_{i,t} = {} & \alpha + \beta_1 Z_{i,t-1} + \beta_2 \text{Lnage}_{i,t-1} + \beta_3 \text{Size}_{i,t-1} + \beta_4 \text{Cash}_{i,t-1} + \beta_5 \text{Lev}_{i,t-1} \\
& + \beta_6 \text{Income}_{i,t-1} + \beta_7 \text{Qckrt}_{i,t-1} + \beta_8 \text{State}_{i,t-1} + \beta_9 \text{hsl}_{i,t-1} + \sum \text{Industry} + \varepsilon_{i,t}
\end{aligned} \quad (7.3)$$

$$\begin{aligned}
\text{Fie}_{i,t} = {} & \alpha + \beta_1 Z_{i,t-1} + \beta_2 Z\_\text{mici}_{i,t-1} + \beta_3 \text{mici}_{i,t-1} + \beta_4 \text{Lnage}_{i,t-1} \\
& + \beta_5 \text{Size}_{i,t-1} + \beta_6 \text{Cash}_{i,t-1} + \beta_7 \text{Lev}_{i,t-1} + \beta_8 \text{Income}_{i,t-1} + \beta_9 \text{Qckrt}_{i,t-1} \quad (7.4) \\
& + \beta_{10} \text{State}_{i,t-1} + \beta_{11} \text{hsl}_{i,t-1} + \sum \text{Industry} + \varepsilon_{i,t}
\end{aligned}$$

式中　　　$\text{Fie}_{i,t}$——企业 i 第 t 期的资本结构；

$Z_{i,t-1}$——企业 i 第 $t-1$ 期的财务困境；

$\text{Income}_{i,t-1}$——企业 i 第 $t-1$ 期的营业收入；

$\text{Qckrt}_{i,t-1}$——企业 i 第 $t-1$ 期的速动比率；

$\text{mici}_{i,t-1}$——企业 i 第 $t-1$ 期的内部控制虚拟变量；

$Z\_\text{mici}_{i,t-1}$——企业 i 第 $t-1$ 期的财务困境与内部控制虚拟变量交乘项。

模型（7.3）检验财务困境与企业投资效率的关系，以验证假设 1；模型（7.4）检验内部控制、财务困境与企业投资效率三者的关系，以验证假设 2。

7.4.3　数据来源与样本选择

本章相关数据从国泰安（CSMAR）和万德（WIND）数据库中获取。首先选取沪深 A 股上市公司 2006—2014 的年度数据作为初始研究样本，搜集了包括上市年限、股权性质、股权结构和财务比率等数据，基于理查森模型检验分析企业投资效率状况，从万德数据库获取了预测财务风险的 Z 值，从深圳迪博公司获取了衡量内部控制质量的迪博指数。变量与数据选择标准如下：①按照研究惯例，本章剔除了金融、保险业上市公司；②剔除数据缺失公司。本章旨在研究财务困境与企业投资效率二者间关系，并未剔除 ST、PT 公司和退市公司。根据以上选取条件，最终得到 9140 个年度数据样本。为控制离群值对估计结果的影响，对回归模型连续型解释变量在 1% 和 99% 分位数处进行了缩尾（Winsorize）处理。基于 Excel2010 和 Stata13/MP 进行数据处理与统计分析。

7.5　实证结果分析

7.5.1　回归变量的描述性统计

表 7.1 是全样本的描述性统计，分别显示了样本的最小值、均值、中位数、标准差和最大值。

表 7.1　回归变量的描述性统计

变量	观测值	最小值	均值	中位数	标准差	最大值
Fie	9140	0.0000	0.0462	0.0352	0.0396	0.2300
Z	9140	−1.481	5.186	3.041	10.130	310.200
ICI	9140	0.000	0.527	1.000	0.499	1.000
Size	9140	20.120	21.670	21.640	0.893	22.980
Cash	9140	0.0396	0.1680	0.1430	0.1030	0.3940
Lev	9140	0.174	0.481	0.495	0.172	0.739
hs1	9140	4.490	37.570	36.070	15.470	86.420
State	9140	0.000	0.631	1.000	0.483	1.000
Qckrt	9140	0.0385	1.377	0.848	3.022	179.600
Lnage	9140	0.000	1.914	2.197	0.782	2.708
Income	9140	12.800	21.260	21.140	1.392	28.660

　　本章使用理查森模型的回归残差绝对值的一期前导值（Fie）度量样本公司的投资效率。根据定义，回归残差为正数时代表企业投资过度，残差为负数时表明投资不足，残差等于零意味着企业实现了理想的最优投资；残差绝对值刻画为企业投资过度或投资不足的程度，残差绝对值越小说明企业投资效率越高。表 7.3 显示，样本公司投资效率（Fie）的中位数为 0.0352，均值为 0.0462，均值大于中位数，说明投资效率（Fie）的分布呈右偏特征，标准差为 0.0396，最大值为 0.2300，最小值为 0.0000，说明公司间非投资效率程度差异较大。财务困境（Z）中位数为 3.041，均值为 5.186，均值大于中位数，说明财务困境（Z）的分布也呈右偏特征，标准差为 10.130，最大值为 310.200，最小值为 −1.481，这说明我国样本上市公司财务状况差异明显。

7.5.2　相关系数表

表 7.2 列出了回归模型主要变量之间的 Pearson 和 Spearman 相关系数。

表 7.2　回归模型主要变量之间的相关系数

变量	Fie	Z	ICI	Cash	hs1	Lev	Income
Fie	1.000	0.185***	−0.011	0.145***	0.005	−0.243***	−0.036***
Z	0.087***	1.000	0.047***	0.404***	−0.008	−0.749***	0.070***
ICI	−0.014	0.025***	1.000	0.068***	0.125***	0.056***	0.168***
Cash	0.124***	0.287***	0.069***	1.000	−0.011	−0.295***	0.041***
hs1	0.004	−0.027***	0.130***	−0.003	1.000	0.021**	0.064***
Lev	−0.200***	−0.414***	0.056***	−0.348***	0.022**	1.000	0.090***
Income	−0.030***	0.025***	0.162***	0.033***	0.068***	0.096***	1.000

注：以表中数值 1.000 做对角线进行相关系数划分，左下角为 Pearson 相关系数，右上角为 Spearman 相关系数。

单变量相关检验表明，财务困境（Z）与被解释变量（Fie）在 1% 的统计水平上显著正相关，也就是说企业非效率投资程度随着 Z 指数的提高而加大，初步验证了假设 1。

7.5.3　多元回归结果分析

本章依据理查森模型来度量企业投资效率。模型（1）检验了财务困境与企业投资效率的关系，模型（2）检验了内部控制质量对财务困境与企业投资效率两者间的影响，最后进行了多元回归分析，结果详见表 7.3。

表 7.3   内部控制、财务困境与企业投资效率多元回归结果

变量	模型（1）	模型（2）
Z	−0.031*	−0.015
	（−1.96）	（−0.85）
ICI	0.030***	0.039***
	（2.58）	（3.15）
Z_ICI	—	−0.029**
	—	（−2.21）
Qckrt	0.035**	0.037**
	（2.07）	（2.22）
Size	−0.051**	−0.050**
	（−2.51）	（−2.48）
Cash	0.074***	0.073***
	（5.68）	（5.64）
Lev	−0.130***	−0.127***
	（−8.94）	（−8.67）
hs1	0.030***	0.029***
	（2.73）	（2.66）
State	−0.037***	−0.037***
	（−3.20）	（−3.18）
Lnage	0.008	0.008
	（0.64）	（0.63）
Income	−0.051**	−0.052**
	（−2.51）	（−2.55）
Industry	控制	控制
N	9140	9140
Adj. R^2	0.061	0.062

注：回归系数均为标准化回归系数，截距项为 0。

表 7.3 的模型（1）检验了财务困境与企业投资效率的关系，结果表明，财务困境与企业投资效率负相关（回归系数为 –0.031），且在 10% 的统计水平显著，从而验证了企业投资效率随着财务困境程度的加重而降低的假设 1。加入内部控制变量的模型（2）的回归结果表明，内部控制与财务困境交乘项的系数为 –0.029，且在 5% 的统计水平显著，这意味着内部控制改善了财务困境与企业投资效率的负相关关系。因此，假设 2 得证。

7.6　稳健性检验

7.6.1　tobit 检验

为了解决企业投资效率因变量均取正数，取值受限，存在选择行为的问题，本章基于有边界的 tobit 模型进行稳健性检验，得出的结果支持了前文的结论，结果较为稳健，详见表 7.4。

表 7.4　内部控制、财务困境与企业投资效率的 tobit 检验

变量	模型（1）	模型（2）
Z	–0.0481*	–0.00898
	（–1.81）	（–0.28）
ICI	0.124***	0.130***
	（2.95）	（3.08）
Z_ICI	—	–0.0737**
	—	（–2.15）

变量	模型（1）	模型（2）
Qckrt	0.0450	0.0443
	（1.64）	（1.62）
Size	−0.0935**	−0.0915**
	（−2.54）	（−2.49）
Cash	0.137***	0.138***
	（6.01）	（6.07）
Lev	−0.227***	−0.226***
	（−8.77）	（−8.71）
hs1	0.0532***	0.0519***
	（2.66）	（2.60）
State	−0.139***	−0.140***
	（−3.22）	（−3.25）
Lnage	0.00594	0.00478
	（0.28）	（0.23）
Income	−0.0866**	−0.0892**
	（−2.32）	（−2.40）
Industry	控制	控制
_cons	−0.746***	−0.749***
	（−4.72）	（−4.74）
sigma_cons	1.469***	1.468***
	（74.55）	（74.55）
N	9140	9140
Pseudo R^2	−0.0178	−0.0178

7.6.2　异方差修正的稳健性检验

表 7.5 列出了基于怀特（White，1980）异方差稳健估计量的多元回归结果，结果与前文一致。

表 7.5　内部控制、财务困境与企业投资效率的稳健性检验

变量	模型（1）	模型（2）
Z	−0.031*	−0.015
	（−1.87）	（−0.80）
ICI	0.030**	0.039***
	（2.56）	（3.16）
Z_ICI	—	−0.029**
	—	（−2.46）
Qckrt	0.035**	0.037**
	（2.13）	（2.30）
Size	−0.051**	−0.050**
	（−2.43）	（−2.40）
Cash	0.074***	0.073***
	（5.67）	（5.64）
Lev	−0.130***	−0.127***
	（−8.81）	（−8.52）
hs1	0.030***	0.029***
	（2.74）	（2.66）
State	−0.037***	−0.037***
	（−3.18）	（−3.16）
Lnage	0.008	0.008
	（0.62）	（0.61）

变量	模型（1）	模型（2）
Income	−0.051***	−0.052***
	（−2.59）	（−2.63）
Industry	控制	控制
N	9140	9140
Adj. R^2	0.061	0.062

7.7 小结

本章回顾了国内外有关内部控制、财务困境与企业投资效率的相关文献，参考信息不对称、委托代理与企业自由现金流量等重要理论，选取我国2006—2014期间沪深A股9140个公司年度观察值作为研究对象，将内部控制与财务困境纳入对企业投资效率影响因素研究的统一分析框架，分析了内部控制对财务困境与企业投资效率的作用机理，研究结论如下：①财务困境与企业投资效率负相关，即处于财务困境中的企业非效率投资程度高，而财务状况良好的企业投资效率相对较高；②内部控制调节了财务困境与投资效率的关系，即陷入财务困境中的企业在加强内部控制后投资效率会有所提高。

本章的贡献在于：①从财务困境的视角验证了企业内部控制的治理效应，拓宽了现有文献关于企业投资效率研究的广度；②引导财务困境企业强化内部控制，缓解其非效率投资行为，更好地实现资本保值增值的目标。

本章的政策含义表现为以下三点。

第一，应增强风险意识，建立健全财务风险预警体系。企业的经营往往伴随着财务风险，这一事实不可改变，只有合理应对财务风险，将风险产生的不良影响降至最低，才能有效保障企业的稳定经营。对于管理层而言，应充分关注企业的营运能力、偿债能力、发展能力、盈利能力和资本现金流，定期对这些财务重点指标进行评估与跟踪分析，对于寻找企业的经营风险点具有重要参考价值，能使企业提前制定应对措施，以合理规避财务风险。非财务方面企业应健全自身的抵抗突发事件的能力，防止被突发事件冲击造成不可挽回的损失。典型事件如三鹿、丰田召回等，应对不当就会导致事件的持续恶化，给企业造成较大的影响，无论是对品牌形象还是产品的可信赖度，都会造成负面影响。

第二，应建立健全内部控制体系，完善公司治理机制。从上述的研究结论看，内部控制机制越成熟，公司投资项目投入的量与最终产出量达到事先预计的收益率的可能性越大，公司整体价值的资本配置效率也越高。具体来说可以从加强监管、加强信息沟通、落实控制机制、增强风险意识、改善控制环境五个方面做起。

第三，应构建实时财务报告制度。处于社会主义市场经济体制下的现代企业，由于竞争压力大，经营风险也随之大大增加，年度报告、季度报告很明显无法满足管理者与投资者决策的战略需要，所以要构建一套可以随时传递当前财务信息的财务报告制度。及时将企业相关信息传达给经营决策者，增强了财务报告的时效性和客观性，约束了上市公司的低效率投资行为。同时我国需要建立更加严格的财务报告信息披露制度，通过促进上市公司全面、不掺假地披露其财务信息，提升会计信息披露的透明度和充分性。国家还必须制定严格的惩罚措施使上市公司遵守以上制度，通过增大企业的低效率投资成本促使上市公司完善自我约束机制。

参考文献

陈汉文，张宜霞，2008. 企业内部控制的有效性及其评价方法 [J]. 审计研究（3）：48-54.

崔永梅，余璇，2011. 基于流程的战略性并购内部控制评价研究 [J]. 会计研究（6）：57-62.

丁友刚，胡兴国，2007. 内部控制、风险控制与风险管理——基于组织目标的概念解说与思想演进 [J]. 会计研究（12）：51-54.

何庆光，王玉梅，2004. 内部控制与企业风险的防范和化解 [J]. 经济与社会发展（8）：98-101.

姜付秀，张敏，陆正飞，等，2009. 管理者过度自信、企业扩张与财务困境 [J]. 经济研究（1）：131-143.

李秉成，2004. 企业财务困境形成过程研究 [J]. 当代财经（1）：109-112.

李万福，林斌，林东杰，2012. 内部控制能有效规避财务困境吗？ [J]. 财经研究（1）：124-134.

李万福，林斌，宋璐，2011. 内部控制在公司投资中的角色：效率促进还是抑制？ [J]. 管理世界（2）：81-99.

林斌，李万福，王林坚，等，2010. 内部控制的影响因素及经济后果研究——国外内部控制实证文献评述 [J]. 井冈山大学学报（社会科学版）（3）：46-55，62.

林钟高，郑军，王书珍，2007. 内部控制与企业价值研究——来自沪深两市 A 股的经验分析 [J]. 财经研究（33）：132.

骆良彬，王河流，2008. 基于 AHP 的上市公司内部控制质量模糊评价 [J]. 审计研究（6）：84-96.

深圳市迪博企业风险管理技术有限公司，2008. 中国上市公司 2008 内部控制白皮书摘要 [N]. 中国证券报，2008-06-24.

宋丽梦，孟泽锐，2013. 全面风险管理、财务困境与企业业绩——基于中央上市企业的实证研究 [J]. 会计与控制评论（3）：111-129.

吴世农，卢贤义，2001. 我国上市公司财务困境的预测模型研究 [J]. 经济研究（6）：46-55.

杨洁，2011. 基于 PDCA 循环的内部控制有效性综合评价 [J]. 会计研究（4）：82-87.

于忠泊，田高良，2009. 内部控制评价报告真的有用吗？——基于会计信息质量、资源配置效率视角的研究 [J]. 山西财经大学学报（10）：110-118.

张纯，吕伟，2009. 信息披露、信息中介与企业过度投资 [J]. 会计研究（1）：60-65，97.

张功富，宋献中，2007. 企业的自由现金流量全部用于过度投资了吗？——来自中国上市公司的经验证据 [J]. 经济与管理研究（6）：11-16，35.

张功富，宋献中，2009. 我国上市公司投资：过度还是不足？——基于沪深工业类上市公司非效率投资的实证度量 [J]. 会计研究（5）：69-77.

张国清，赵景文，田五星，2015. 内控质量与公司绩效：基于内部代理和信号传递理论的视角 [J]. 世界经济（1）：126-153.

张继勋，周冉，孙鹏，2011. 内部控制披露、审计意见、投资者的风险感知和投资决策：一项实验证据 [J]. 会计研究（9）：66-73.

张玲，2000. 财务危机预警分析判别模型 [J]. 数量经济技术经济研究（3）：82-83.

张晓岚，沈豪杰，杨默，2012. 内部控制信息披露质量与公司经营状况——基于面板数据的实证研究 [J]. 审计与经济研究（2）：64-73.

ALLAYANNIS G，MOZUMDAR A，2004. The Impact of Negative Cash Flow and Influential-Observations on Investment-Cash Flow Sensitivity Estimates [J]. Journal of Banking and Finance（28）：901-930.

ALTMAN E，HALDEMAN R，NARAYANAN P，1977. Zeta Analysis：A New Model to Identify Bankruptcy Risk of Corporations [J]. Journal of Banking and Finance（1）：24-46.

ALTMAN，1968. Financial Ratios Discriminate Analysis and the Prediction of Corporate Bankruptcy [J]. Journal of Finance，23（4）：589-609.

ANDRADE G，KAPLAN S N，1998. How Costly is Financial（not Economic）Distress ？ Evidence from Highly Leveraged Transactions that Became Distressed [J]. Journal of Finance，53（5）：1443-1493.

ASHBAUGH SKAIFE H，COLLINS D W，KINEY W，et al.，2008. The Effect of SOX Internal Control Deficiencies and Their Remediation on Accrual Quality [J]. The Accounting Review，83（1）：217-250.

BHAGAT S，MOYEN N，SUH I，2005. Investment and Internal Funds of Distressed Firms [J]. Journal of Corporate Finance，11（3）：449-472.

CHIH YANG TSENG，2007. Internal Control，Enterprise Risk Management，and Firm Performance [M]. Smith School of Business.

DOYLE J，GE W，MCVAY S，2007. Accruals Quality and Internal Control over Financial Reporting [J]. The Accounting Review，82（5）：1141-1170.

FITZPATRICK，1932. A comparison of Ratios of Successful Industrial Enterprises with Those of Failed Firms [M]. New York：Certified Public Accountant.

JEAN B，2006. Sarbans Oxley Internal Control Requirements and Earning Quality [J]. Journal of Accounting and Economics，31（6）：1-40.

JENSEN M C，1989. The Eclipse of the Public Corporation [J]. Harvard Business Review，67（5）：61-74.

JENSEN M，MECKLING W，1976. Theory of the Firm：Managerial Behavior，Agency Costs and Ownership Structure [J]. Journal of Financial Economics（3）：305-360.

JENSEN M，1986. Agency Costs of Free Cash Flow，Corporate Finance，and Takeover [J]. American Economics Review，76（2）：323-329.

MESSIER W F，HANSEN J V，1987. Expert Systems in Auditing：The State of the Art [J]. Auditing A Journal of Practice & Theory，7（1）：94-105.

MOERLAND L，2007. Incentives for Reporting on Internal Control：A Study of Internal Control

Reporting Practices in Finlan，Norwa，Swede，The Netherlands and United Kingdom [R].

OHLSON J A，1980. Financial Ratios and the Probabilistic Prediction of Bankruptcy [J]. Journal of Accounting Research（4）：109-131.

SHARDA R A, ODOM　M D，1990. A Neural Network Model for Bankruptey Pre-diction [C]. Intemational Joint Conference on Neural Network，San Di-ego，CA，USA：163-168.

RICHARDSON S，2006. Over-investment of Free Cash Flow [J]. Review of Accounting Studies（11）：159-189.

WHITE H A，1980. Heteroskedasticity-Consistent Covariance Matrix Estimator and a Direct Test for Heteroskedasticity [J]. Econometrica（48）：817-838.

ZMIJEWSKI MARK E，1984. Methodological Issues Related to the Estimation of Financial Distress Prediction Models [J]. Journal of Accounting Research（22）：59-82.

第8章　研究结论与政策建议

8.1　研究结论

本书应用描述性统计方法，调查了我国沪深 A 股企业非效率投资程度和会计信息质量，应用推断性统计方法实证分析了制度约束下的信息透明度对企业投资效率的作用机理与效应强弱，具体结论如下。

1）沪深 A 股企业普遍存在非效率投资行为，且相对于投资过度而言，投资不足更严重。沪深 A 股企业投资不足与年度变量显著正相关，这表明企业投资不足得到缓解的状况存在时间序列趋势；沪深 A 股企业投资过度与年度变量显著负相关，这表明企业投资过度被遏制的状况存在时间序列趋势。

2）从盈余管理、会计稳健性与信息透明度三个角度研究了企业会计信息质量。

① 应计盈余管理全样本最小值为 −37.8500，中位数为 0.0381，最大值为

17.5300，样本公司差别较大，真实盈余管理全样本最小值为 −17.7400，中位数为 −0.0144，最大值为 50.5900，样本公司差别较大。应计盈余管理与真实盈余管理水平几乎对称，一般情况下，应计盈余管理水平高的年份，真实盈余管理水平相对较低。

② 会计稳健性是我国沪深 A 股企业的共同选择，根据卡恩和瓦茨（2009）的研究，美国企业会计稳健性均值为 0.105，根据本书统计分析，我国沪深 A 股企业 1994—2014 年度区间会计稳健性均值为 0.0661，说明我国企业会计稳健性水平与美国相比较低。

时间趋势检验表明，我国沪深 A 股企业会计稳健性整体水平逐年降低，但降低的幅度较小。进一步检验发现：从行业看，建筑业、造纸、印刷、批发、零售贸易、房地产业的会计稳健性水平较高，各行业之间的会计稳健性水平存在明显差异；从省份看，宁夏的会计稳健性水平最高，上海的会计稳健性水平最低，且各省份之间的会计稳健性水平差异显著；从产权看，国有企业比非国有企业的会计稳健性水平偏低，但这种差异并不显著；从地区看，西部和中部地区的会计稳健性水平显著偏高，而东部地区显著偏低。

③ 从产权性质来看，非国有企业信息透明度高于地方国有企业及中央国有企业，地方国有企业信息透明度高于中央国有企业信息透明度；从年份来看，上市公司信息透明度均值显示上市公司信息透明度处于动态变化状态；从地区来看，中部地区国有企业的信息透明度水平最高；中部地区企业信息透明度比东部地区及西部地区高，但总体而言各地区上市公司信息透明度并不存在显著差异；从行业来看，不同行业的企业信息透明度存在差异，其中，房地产业信息透明度最高，而交通运输、仓储业信息透明度最低。

时间趋势检验表明，我国企业信息不透明度整体水平随着时间的推移逐步提高。

3）选取 2003—2014 年沪深 A 股市场多个公司的 5298 个年度数据作为研究样本，对制度环境、信息透明度与企业投资效率的关系进行了研究，结果表明：

① 信息透明度与企业投资效率负相关，即信息透明度越高，企业投资效率越低；进一步检验发现，企业面临的风险越高，这一负相关关系越明显。

② 金融业的市场化对信息透明度与企业投资效率之间的负相关关系发挥了显著的正向调节作用。

4）选取 2006—2014 年沪深 A 股市场多个公司的 8972 个年度数据作为研究样本，对机构投资者、会计稳健性与企业投资效率三者之间的关系进行了研究，结果表明：会计稳健性显著地改善了企业的投资效率；相比于交易型机构投资者，稳定型机构投资者促进会计稳健性、改善企业投资效率的功效更强。研究结论验证了会计稳健性改善企业投资效率的定价与治理功能的对称性，并检验了机构投资者促进会计稳健性，进而改善企业投资效率的定价与治理功能的观点。

5）选取 2006—2014 年沪深 A 股市场多个公司的 4848 个年度数据作为研究样本，对金字塔结构、会计信息质量与企业投资效率三者之间的关系进行了研究，结果表明：

① 会计信息质量显著改善了企业投资效率。

② 缩短金字塔控制层级，能够显著增强会计信息的预期作用，促进企业投资效率的提升。

6）选取 2006—2014 年沪深 A 股市场多个公司的 9140 个年度数据作为研

究样本,检验了内部控制、财务困境与企业投资效率三者之间的关系,结果表明:

①财务困境与企业投资效率负相关。

②内部控制调节了财务困境与企业投资效率的关系,即陷入财务困境中的企业在加强内部控制后其投资效率会显著提高。

8.2　政策建议

1)通过改革推进中国市场化进程。改进制度环境是落实市场配置资源决定性作用的关键。要使市场在资源配置中起决定性作用,从而提升企业投资效率,就必须通过改革推进中国市场化进程,完善金融、法律、行政监管等一系列制度安排,确保实施机制公正有效。

2)通过培育专业机构投资者提升企业会计稳健性。会计稳健性能通过缓解委托代理冲突来抑制企业投资过度,通过降低信息不对称程度来改善企业投资不足。这进一步证实了会计稳健性与企业非效率投资的负相关关系。我国上市公司在评估自身投资现状后,应重视对会计稳健性的合理运用。在现有国家法律制度下,将会计稳健性落实到企业日常财务活动中,健全企业内部会计制度,让会计稳健性真正发挥改善企业非效率投资的功效。此外,市场监管部门也应该完善监管法律法规,将会计稳健性思想纳入其中,提升企业对会计稳健性的重视程度。此外,应积极向国外学习,取其精华,系统地提升企业会计稳健性。

本书研究发现不同性质的机构投资者在资本市场中发挥作用的强度不同,

具体来说，与交易型机构投资者相比，稳定型机构投资者促进会计稳健性、改善企业投资效率的功效更强。为更好地发挥机构投资者的作用，有关部门应从以下两个方面着手：

① 政府部门应正确指引机构投资者的发展方向，大力鼓励专业机构投资者的成长，同时注重稳定型机构投资者的发展，使其在利用会计稳健性改善企业非效率投资行为中发挥更大的作用。

② 证券监管部门应着力强化机构投资者的治理功能，通过各种方式与渠道提升其监督功能的有效性，更好地保护资本市场中小股东的利益，努力使其成为稳定型机构投资者，在健全、完善资本市场方面发挥应有的积极作用；鼓励包括新闻媒体在内的证券市场各方参与者积极营造良好的市场氛围，教育投资者树立正确的股东意识与可持续发展价值观，积极关注长期高效项目的投资，促进我国企业投资效率的持续改进。

3）通过优化控制人层级改善会计信息质量。加快完善我国企业财务报告和信息披露制度，通过强化监督等手段使会计信息更好地发挥提升企业投资效率的作用；优化企业的控制层级数量，使资源配置效率得到提高。企业应当致力于增强自身核心竞争力，不断完善资产监督管理制度。

4）通过强化内部控制摆脱企业财务困境。包括以下三个方面：

① 增强风险意识，建立健全财务风险预警体系。企业的经营往往伴随着财务风险，这一事实不可改变，只有合理应对财务风险，将风险产生的不良影响降至最低，才能有效保障企业的稳定经营。对于管理层而言，应充分关注企业的营运能力、偿债能力、发展能力、盈利能力和资本现金流，定期对这些财务重点指标进行评估与跟踪分析，对于寻找企业的经营风险点具有重要参考价值，

能使企业提前制订应对措施，以合理规避财务风险。非财务方面企业应健全自身的抵抗突发事件的能力，防止被突发事件冲击造成不可挽回的损失。

② 建立健全内部控制体系，完善公司治理机制。具体来说，可以从加强监管、加强信息沟通、落实控制机制、增强风险意识、改善控制环境五个方面做起。

③ 构建实时财务报告制度。处于社会主义市场经济体制下的现代企业，年度报告、季度报告很明显无法满足管理者与投资者决策的战略需要，所以要构建一套可以随时传递当前财务信息的财务报告制度。及时将企业相关信息传达给经营决策者，增强了财务报告的时效性和客观性，约束了上市公司的低效率投资行为。同时我国需要建立更加严格的财务报告信息披露制度，通过促进上市公司全面、不掺假地披露其财务信息，提升会计信息披露的透明度和充分性。国家还必须制定严格的惩罚措施使上市公司遵守以上制度，促使上市公司完善自我约束机制。

8.3 研究局限性

本书在调查我国沪深 A 股企业非效率投资程度与会计信息质量的基础上，分四个专题探索了制度约束下的信息透明度对企业投资效率的作用机理与效应。囿于个人学识与经验，本书研究内容存在以下局限性。

本书主要采用实证会计的研究方法，分析并检验了制度约束下的信息透明度对企业投资效率的作用机理与效应，内生性是一个无法回避的问题。

何为内生性？如果一个变量与扰动项相关，则称它为内生的（Endogenous）。以下述模型为例：

$$y = \beta_1 x_1 + \beta_2 x_2 + ... + \beta_k x_k + u$$

若 $\text{Cov}[x_j, u] \neq 0$，则 x_j 是内生的。若 $\text{Cov}[x_j, u]=0$，则 x_j 是外生的。只有 $\text{Cov}[x_j, u]=0$，$j=1$，2，$\cdots$，k，OLS 估计量才是一致的。这个零协方差与 x_1 为常值的约定一起蕴含着 $E[u]=0$，即以下零条件均值假设：

$$E[u \mid x_1, x_2, \cdots, x_k] = 0$$

式中 $\quad x_1$，x_2，$\cdots$，x_k——虚拟变量；

$\qquad\qquad u$——扰动项。

该假设是零协方差假设的充分条件。

在多元回归模型中，内生性解释变量（Endogenous Explanatory Variable）主要是遗漏变量、测量误差或联立性三种原因而与误差项相关的解释变量。其中的误差项（Error Term）可能包含了因变量或自变量中的测量误差。

为了克服上述内生性问题，本书在第 4~7 章的实证分析当中选择了研究变量的前导或滞后、面板模型的稳健性测试、代理变量的替换等方法缓解内生性，但是，不可能完全消除研究变量相互之间的固有内生性。

致　谢

　　本书是我主持的第一项国家社科基金项目的结项成果，值其出版之际，首先应该感谢国家社科基金的慷慨资助！得益于这一资助，我们不仅如期、顺利地完成了本课题预定的研究任务，而且探索了企业社会责任研究学术前沿，并成功申请了新的国家社科基金后期资助项目。

　　特别感谢安徽工业大学商学院徐德信和章铁生两位教授多年来的关心和支持！在本课题的申报和获准立项后的研究阶段，两位教授不厌其烦地参与了具体的论证、研讨与文稿修改，他们的严谨、专业、才华和雄厚的学术功力，给我留下了深刻的印象！

　　当然，还要感谢我的那些可爱的研究生们！她们支持我申报新课题，协助我完成课题研究任务，同时协理我承担的各项教学任务，包括"实证会计入门一点通"微信公众号的运营管理。她们是：

　　胡琼、王玲茜、孙莹莹、李娟、杨露、顾慧敏、赵文雪、章菊、吴燕，等等。

最后，请允许我以《同道人》向知识产权出版社，向我的家人，向关心、支持本课题研究的各位领导、师长、同仁、同学及亲朋好友致以最诚挚的感谢！

《同道人》

我本草野人，何意寄古城？

冥冥俱因果，修得同道人。

慈湖滋润泽，秀麓聚汇文。

冬凌霍丘岗，西东指参商。

春来振华堂，南北品芬芳。

清新还自然，血脉自轩黄。

生态迷向晚，点评何嫌烦！

吴良海

2021 年 4 月